隠れ教育費

公立小中学校でかかるお金を徹底検証

柳澤靖明
Yanagisawa Yasuaki
福嶋尚子
Fukushima Shoko

太郎次郎社エディタス

はじめに

8万円——、これはある都内の小学校の制服代。しかも公立である。

2018年の初頭、騒動を巻きおこした「アルマーニ」監修の制服。ハフポスト・ジャパンの記事によれば、指定された衣服をすべて購入すると、任意購入のセーターやベストなどを含めて男子で8万円、女子だと8万5000円程度の費用がかかる。この費用負担は、以前の制服に比べて3倍近くになるそうだ。

公立小学校で制服!? という声を皮切りに、費用負担者である保護者からさまざまな意見が出された。一例を紹介する——。

・公立学校の制服として高い
・なぜ高級ブランドなのか
・おとなの思惑ばかりで、子どもが置きざりにされている
・高いものはいい、安いのはダメ、という刷りこみが生まれないか

では、だれが「アルマーニ」と決めたのか。——同校のＷｅｂサイトによれば、この制服変更の方針は、校長がほぼひとりで決めたことらしい。この騒動に対して、区の教育委員会は「着用は強制ではなく、校長にはあらためて保護者にしっかり説明するよう指導したい」とし、文部科学省は「もっと保護者と相談すべきだった」と意見を述べている。

この経緯は、「アルマーニ」という有名ブランドの名前が話題を呼ぶことで、明らかになった。実際にはこの小学校以外でも、ノーブランドのジャージ（３０００円程度）を校長権限のみで導入したといった事例を耳にする。しかし、金額が少ないせいか、ほとんど話題にも問題にもならない。だが、この件は金額だけの問題ではない。子どもの権利や社会の状態などを鑑みても、以下のような検討課題があげられる。

・なぜ、それを用意させる必要があるのか
・どこまで学校が指定する必要があるのか
・そもそも指定の必要があるのか
・決定の過程、話し合いの過程はどうあるべきなのか
・費用負担はいくらが妥当なのか
・だれが負担するべきなのか

本書では、公立小中学校をターゲットとして、「学校の〈モノ〉と〈コト〉」にかかる費用負担を【実態】【歴史】【理念】【対策】の観点から整理していく。

たとえば、アルマーニの件は〈モノ〉である制服の話題であり、制服は学校が指定した服である。学校指定品に関しては、第1章でとりあげる。指定される品目や価格の学校差・地域差などの【実態】を紹介したのち、起源をたどるために制服の【歴史】をさかのぼる。続いて、制服はどのような【理念】に拠って立つべきなのか、なぜ制服が必要なのかを検討する。そして最後に、問題の【対策】として、着用者の子ども、購入者の保護者、指定者の学校が納得できるような制服導入のあり方を提案していく。

このような流れで、授業で使用する補助教材、消耗品などの「学校の〈モノ〉」や、修学旅行や部活動、学校給食といった「学校の〈コト〉」に関する検討を章ごとにおこなっていく。いずれも検討の視点は、子どもの権利を中心にすえ、この視点のもとで費用負担のあり方を考えていくこととした。

執筆は、【実態】と【対策】を栁澤が、【歴史】と【理念】を福嶋が担当した。栁澤は現在、公立中学校をフィールドとして仕事をしている学校事務職員である。公立小学校にも勤務したことがあり、およそ20年近く、学校の〈モノ〉と〈コト〉にかかわるお金をとり扱ってきた。そのため、これらの実態をわかりやすく伝え、また、日頃から取り組んでいる対策についても提案していきたい。一方、福嶋はおもに学校の教材などの条件整備や学校経営を対象とする、教育行政研究者である。歴史的観点から現在に至る経緯を検証し、教育法理念の観点から学校のお金のあり方について検討していく。また、わたしたちはふたりとも、公立小中学校に在学している子どもをもつ親である。執筆を担当していない部分においても、子どもをもつ親や費用負担している者としての考えを持ち寄り、意見を出しあい、文章にまとめている。

いま、多くの学校で、「学校の〈モノ〉と〈コト〉」に関しては学校がみずから決定し、保護者にその費用負担を求めている。誤解を恐れずにいえば、それが一般的と考えられ、社会的にも慣習化しているといえるだろう。たとえば、本書の感想として想像できるものがふたつある。学齢期の子育てを終えた読者は「ああ、そうだったね」「こんなお金とられたな」という回想（思い出）。もうひとつは、これから学齢期の子どもを育てる読者の「こんなにお金がかかるのか」「家計を見直す準備をしておかなきゃ」という心がまえ（準備）だろう。

ここには共通して、「支払うことは決まっている」「学校から求められたら払うのは当たりまえ」という観念がある。学校が必要だという費用なら負担して当たりまえ、支払うのは当然であり、それにもかかわらず、未納状態を続けたり、払わないといったりする人は規範意識が低下しているという論理が多勢的だ。それがいまの日本である。

しかし、この現象は本当に正しいのだろうか。みんなが真に納得している事象なのだろうか。

そこで、「学校の〈モノ〉と〈コト〉」に関して、【実態】【歴史】【理念】【対策】の観点からもう一度、考え直してほしい。その結果、いまの学校の状態を「思い出」として終わらせることなく、「準備万端」で臨むことでもなく、3つ目の視点として――「公立学校なのに保護者がお金を出さなくてはならないのか？」「すでに納めている税金ではまかなえないのか？」という意識をもってほしい。

このようなパラダイムシフトを起こすためのきっかけとして、本書が役立つことを願う。

柳澤靖明

もくじ

学校のコトとお金

第4章

部活動のつみかさなる負担

序章 義務教育は無償、ではない⁉

入学前からとぎれなく続く〈モノ〉の購入

小学校入学前の事前説明会、いわゆる新入生保護者説明会から費用負担は始まる。

算数セット・クーピー15色・クレパス16色・道具箱・工作板・粘土・はさみ・下敷き――以上、新入学児童学用品セット6000円也。

さらに、通学帽や上ばき、体育館シューズ、体操着の上下は指定品を入学までに各自購入すること、説明会の会場で購入する場合はセット価格7000円也。

このように指定品や推奨品などが販売される。ほかの業者で購入してもよいのだが、その時間と負担を考えて、多くの保護者はその場で購入する。

また、鉛筆は無地で、消しゴムは香りがついていない白、ペンケースは箱型で無地。こちらも入学までに各自用意しておくことなどとされ、準備する学用品は多い。加えて、ランドセルの購入も必然的に生じ、財布から「諭吉」が何人も旅立っていく（2024年からは「栄一」だが）。中学校でも、制服に通学カバン、ジャージ、体操着、シューズ……と、額にしたら5万円は超える。

入学して授業が始まると、各教科のテストやドリル、あさがおセットなどの補助教材の購入をうながされ、小学校で年間1万円程度、中学校では倍以上の額にふくれ上がる。さらには、鍵盤ハーモニカや絵の具セット（小学校）、アルトリコーダーやポスターカラー（中学校）などなど。

夏になれば水泳があり、学校指定の水着や帽子と合わせてラッシュガードや腰に巻くタオルも販売される。すべてそろえれば、1か月ちょっとの水泳指導に5000円以上だ。また、中学校の体育では「武道」がある。冬季に柔道や剣道の授業をおこなうことが多いが、柔道着などを保護者負担で購入している場合、柔道着に3500円、竹刀に2000円くらいはかかる。

各学期が終わると通知表が配付されるが、最近では専用ソフトで成績を管理し、プリントアウトする方式が主流となり、コピー用紙1枚を渡すだけでは味気ないので専用ファイルに入れることが多い。その費用も保護者負担100円也。

ここまでは、学校で必要な〈モノ〉に関する費用例だが、学校の〈コト〉に関する費用も徴収される。

学校行事などの〈コト〉費用もつぎつぎに

＊学校給食・ＰＴＡ・生徒会……給食には年間5万円程度の食材料費がかかり、保護者からは毎月約4、5千円が集金される。年度初めにはＰＴＡ会費（多くは1200〜3600円程度だが、1万円を超える場合もある）や生徒会費（1200〜3600円程度）の集金もある（小学校で児童会費を集金しているところもまれにある）。

＊運動会・文化祭・音楽会……「運動会費用」という項目はないが、小学校では表現運動（ダンスのようなもの）で使う衣装などの費用を数百円程度、請求されることもある。また、秋ごろにおこなわれる音楽会で貸しホールを使用する場合、子どもが少ない学校ではひとり1000円以上の「会場費」が集金されることもある。

＊校外学習・遠足……その多くが数千円の保護者負担を前提として計画される。小学校では低学年で遠足、高学年で社会科見学を実施。中学校でも遠足的な行事をおこなうこともある。林間学校（臨海・海浜学校）といった宿泊行事では、さらにこの負担は増す。

＊修学旅行……小中学校ともに、修学旅行というイベントにはかなりのお金をかける。たとえば、関東圏内から日光へ行くと2万5000円程度、京都なら6万円程度の費用がかかる。東北から東京近郊への修学旅行では、地理条件によって10万円を超えるという話も聞く。

＊部活動（おもに中学）……とくに費用がかからない部もある一方で、吹奏楽部で何十万円もの楽器を個人購入するケースがあったり、運動部の強豪校ではたび重なる遠征により、かなりの負担があっ

たりする。遠方で開催される全国大会への出場に、ひとり8万円程度の交通費・宿泊費がかかった事例もある。保護者が応援に行くと、負担額は実質倍以上となる。

＊卒業準備……小中学校共通にあることだが、「卒業準備金」「卒業対策費」といわれるものが、（学校からではなく）卒業準備委員会や卒業対策委員会という保護者の組織によって集金される。だいたい1000～5000円くらいだが、1万円近く集金していることもあると聞く（当然、修学旅行代・卒業アルバム代を除く）。

このように、義務教育でありながら、小学校入学から中学校卒業までには、さまざま費用負担が保護者には課せられるのである。すなわち、「保護者には子どもに普通教育を受けさせる義務がある、そのため費用負担もその義務の範疇であろう」という考えがその背景にあるのかもしれない。――しかし、本当にそうだろうか。この問いは、この章の後半で扱うことにする。

保護者からの支払い方法と負担の形態

学校が費用を集金する方法には大きく分けて、「金融機関の口座引き落とし」と「集金袋による現金徴収」の2パターンがある。どちらか一方の場合もあるし、併用することもある。

それとは別に、学校がお金を集めるのではなく、保護者が業者から必要な物品を直接購入するパターンもある。このうち、学校が指定品（体操着など）を購入させる場合には、購入業者と価格が指定される。一方、ランドセルなどの場合は、保護者が販売店やメーカー・品物を選べる。

　こうした支払い方法の形態に加え、保護者負担や購入の形態も類型化して整理することができる。本書では、それを「一律徴収金」「斡旋購入品」「現物持参品」の３パターンに整理し、検討していく。

＊一律徴収金……学校が保護者から一律に集金するパターン。ここには、(a) 国語のワークや算数の計算ドリル、学校給食費などや、(b) 調理実習費、学級費、修学旅行をはじめとする校外学習費などが含まれる。

　(a) は対象を個別に指定して集金するもの（例：ドリル1冊３００円）、(b) は費用の内訳は未定のまま、目的ごとに大づかみな額を集金するもの（例：調理実習費として1０００円、学級費として月1００円）である。後者は、名づけて「どんぶり徴収」――これがひじょうに問題だ。

＊斡旋購入品……学校が斡旋して、保護者が業者から購入するパターン。ここには、購入するかどうかを保護者が決められるものと決められないものがある。たとえば、(a) 学校指定の標準服やジャージのように、購入を一律に求められるケース（一律購入）。(b) 音楽会のＤＶＤを1枚２５００円

支払いと精算の形態

	支払い方法	清算方法
口座引き落とし	一定額を年に数回引き落とされる	年間必需費用を概算で集金し、年度末に清算
現金集金	物品の販売価格に応じて集金される	そのつど必要な額を清算
直接購入	学校を経由せずに支払う	業者から直接購入するため清算不要

で斡旋販売し、希望者が申し込んで購入するケース（希望者購入）。

＊現物持参品……学校が指定したモノの持参を保護者に求める方法。たとえば、図工の材料として空き箱やペットボトルなどを持参させたり、「新聞1日分を持参してください」と指示したりする。各家庭にあるはずだという「所持前提（a）」での現物持参だが、家にない場合には買わねばならず、見えにくい私費負担となっている。

家庭の「作成前提（b）」「購入前提（c）」による持参品もある。たとえば、上ばき袋や体操着袋の作成。また、筆記用具などは、購入を前提に現物を持参させている。

表で整理してみよう。下は、本書における説明を整理した表であり、実際に学校が保護者負担の形態を区分して徴収しているわけではない。しかし、現

保護者負担の形態

形態		例
一律徴収金	(a) 個別指定	ドリル、ワーク、資料集、夏休み・冬休み帳、学校給食
	(b) 大枠指定	学級費、調理実習費、音楽会会場費、校外学習費、PTA会費
斡旋購入品	(a) 一律購入	体操着、ジャージ、標準服、書写セット、絵の具セット
	(b) 希望者購入	行事の写真やDVD
現物持参品	(a) 所持前提	調理実習材料、工作材料
	(b) 作成前提	雑巾、手さげ袋、上ばき袋、体操着袋、運動会の衣装
	(c) 購入前提	自由度低：体育館シューズ 自由度中：ランドセル、上履き、辞書 自由度高：筆記用具、ノート、コンパス

にさまざまな費用が家庭から徴収されたり、購入品や現物持参品のために支出されたりしている。ほとんどの場合、集金・購入・現物持参に関して保護者に拒まれることを学校は想定しておらず、保護者負担が前提となっているような状態であることは確かだ。

134〜139ページに、公立の小学校・中学校で、卒業までに保護者が負担する学校費用の一覧表を掲載している。詳細についてはそれを参照していただければと思うが、大枠はつぎのようになる。

保護者が負担する学校費用の例

小学校6年間
（X小学校を例に）

入学時	7万円
卒業時	1万4000円
教材費	8万3100円
給食費	24万8500円
旅行代	6万9000円
PTA会費	1万4400円
学級費ほか	9600円
合　計	**50万8600円**

（年平均：約8万4700円）

中学校3年間
（Y中学校を例に）

入学時	8万円
卒業時	1万4500円
教材費	6万9500円
給食費	14万6000円
旅行代	10万2000円
諸会費	1万800円
合　計	**42万2800円**

（年平均：約14万900円）

なお、ここには、在学中の体操着・上ばきなどの新調費や、各教科で準備するノートなど、現物持参品の費用はふくまれていない。

義務教育における公費と私費

ここで、学校運営を支えるお金として、大きく二種類があることを紹介しておこう。

「公費」とは、ひと言で説明するなら、市区町村の予算から学校に令達される（使ってよいと命令される）予算のことである。財源はもちろん税金。学校を管理するためのモノ（会議用テーブルやイス）の購入費用や、授業を円滑に進めるためのモノ（巨大な三角定規やコンパス）の購入費用、文字どおりの水道光熱費、学校給食を実施するための費用（食材料費は保護者負担）、保健室の消耗品（湿布や傷テープ）を買うための費用、壊れたものや施設を直すための費用……といった予算がある。小学校では、ウサギなど飼育動物のエサ代や治療費もある。これらを一般に総称して「学校運営費」と呼ぶ。また、教職員の給与や学校を建てる費用も、基本的にすべて「公費」であるが、本書ではこの学校運営費のありかたに着目していきたい。

もう一種類が「私費」である。これまで紹介してきたような、保護者が払っているお金を総称して私費という。学校現場では「保護者負担金」や「学校徴収金」、あるいは「預かり金」などと表現する場合もある。

こう説明すると、公費と私費の区分は明確なように感じるが、じつはその区分方法は複雑だ。水泳の授業をするための、水着は私費だが、水は公費だ。調理実習の授業でブリの照り焼きをつくるとき、ブリは私費だが、ガスは公費だ。この区分は、個が身につける（お腹に入る）モノと、公で使うモノという分け方が考えられる。しかし、公費が潤沢にあれば、水着やブリを公費で購入しても問題がない気もしてくる。

こうした公費と私費の区分を検討するうえで参考にしなければならないのが、憲法や法律に示されている考え方だ。

憲法上に示された義務教育の無償

わが国の最高法規、読者のみなさまもご存知のように日本国憲法には「義務教育は、これを無償とする」（第26条第2項後段）と書かれている。そして、憲法は国家が国民に守らせる法規範ではなく、主権者である国民が国家に守らせる法規範である。

条文にあるとおり、すべての国民には教育を受ける権利があり、保護者には子どもに教育を受けさせる義務がある。そして、国民に貧富の差がある場合でも、国民がだれでも教育を受けられるような体制の確保を国家に要請している。普通教育を受けさせる義務とは、いわば国家の義務と考えられる。保護者への義務づけに対する保障として、義務教育を無償と定め、家庭の経済状況に左右されることなく、子どもの教育を受ける権利を保障している。

しかし、文部科学省が調査している長期欠席者（年間30日以上の欠席者）の欠席理由として、毎年「経済的理由による」という回答が、ごく少数だが報告されているという事実がある。学校教育法では、経済的理由によって就学が困難な子どもの保護者に対して、市町村は必要な援助（一般に「就学援助」という）を与えなければならないと定めている（第19条）。それにもかかわらず「経済的理由」が長期欠席の事由として報告されているこの状況は、憲法の定める「教育を受ける権利」が保障されていない子どもの存在と、国や自治体の義務怠慢を露呈しているとも考えられるだろう。

日本国憲法

第26条　すべて国民は、法律の定めるところにより、その能力に応じて、ひとしく教育を受ける権利を有する。

②　すべて国民は、法律の定めるところにより、その保護する子女に普通教育を受けさせる義務を負ふ。義務教育は、これを無償とする。

一方で、冒頭から述べているように、義務教育段階における保護者の費用負担が増加している問題もある。だれでも安心して義務教育を受けられる体制を確保するには、就学困難な子どもに対して援助を広げていくだけではなく、保護者が負担する費用を限りなくゼロに近づけていくこと——すなわち「無償」への接近が必要だ。

学校教育法にはもうひとつ重要な条文がある。それは「学校の設置者は…〔中略〕…その学校の経費を負担する」というものだ（第5条）。ストレートに読めば、公立小中学校の設置者である市町村と特別区（以下、市町村）は、学校の経費を負担する義務があるのだ。このことを「設置者負担主義」という。ただし、教職員の給与については、市町村立学校職員給与負担法という法律にもとづいて、設置者負担主義からは除外されている。もちろん、保護者が払っているわけでもなく、支払い者は都道府県・政令指定都市である（ちなみに、教職員給与を保護者が支払うことは地方財政法で禁止されている）。

念のため書いておくが、「入学時に必要な学用品の購入にかかる費用は保護者が負担するものとする」ということは、学校教育法ほかの法律には書かれていないし、特段の定めもない。そのため、設置者負担主義の原則に照らしても、義務教育の完全無償化は到達しなければならないゴールでもある。

憲法や法律に示された考え方にのっとれば、学校運営費は基本的に「公費」

学校教育法

第19条　経済的理由によつて、就学困難と認められる学齢児童又は学齢生徒の保護者に対しては、市町村は、必要な援助を与えなければならない。

学校教育法

第5条　学校の設置者は、その設置する学校を管理し、法令に特別の定のある場合を除いては、その学校の経費を負担する。

で負担されなくてはならないのは明らかだ。

しかし実際には、「私費」負担されている学校運営費は多く、家庭の経済状態によってはそれを負担できない、ということもある。そんな家庭のために、法律にもとづいて各自治体において就学援助制度というものが整えられている。

就学援助制度だけでは就学を保障できない

就学援助制度の建前は、「学校で勉強するために必要な費用を援助する制度」である。学校教育法第19条に定められ、市町村が運用している。援助対象は「経済的理由によって、就学困難と認められる」子どもを養っている家庭とされているが、多くの自治体では客観的な判断基準として「保護者の所得」を採用している。所得が一定水準に満たない場合は、学校給食費や学用品費、修学旅行費、入学準備費用などを自治体が援助してくれるのだ。魅力的で理にかなっている制度に思えるかもしれない。しかし、自治体によって援助項目や費用が異なる。

次ページ上の表では、埼玉県川口市と神奈川県横浜市を比較している。

この制度の課題として、制度じたいの周知が徹底されていないこと、自治体によって運用の差が大きいことなどがある。加えて、援助費用も自治体によっては

就学援助より多い必要支出

	実際の負担	就学援助
小学校	8万4700円	6万4760円
中学校	14万900円	10万9789円

（川口市の例から試算、いずれも年平均額）

就学援助制度は自治体によって異なる

		神奈川県横浜市	埼玉県川口市（世帯の成人が2人の場合）
援助対象基準（めやす）（世帯所得）		3人世帯で303万円未満	子ども1人で290万円未満
		4人世帯で344万円未満	子ども2人で380万円未満
		5人世帯で396万円未満	子ども3人で420万円未満
援助内容			
小学校	入学準備費	63,100円	40,600円
	学用品（1年生）	16,510円	11,100円
	給食費	全額	全額
	修学旅行費	補助対象実費	参加者が均等に負担する経費
	卒業アルバム代	10,890円	なし
中学校	入学準備費	79,500円	47,400円
	学用品（1年生）	29,920円	21,708円
	給食費	給食なし	全額
	クラブ活動費（1年生）	29,850円	なし
	卒業アルバム代	8,710円	なし

※両市が公開している就学援助の案内から、比較のため項目を抜粋してまとめた。
川口市の所得基準額は、世帯内の大人と子どもそれぞれの人数で異なる。


十分とはいえない。

20ページに示した保護者の負担金と、この就学援助費を年額（平均）で比べてみたのが右の表だ。

就学援助はあくまでも「援助」であり、すべての費用が「無償」となる必要はないという反論があるかもしれない。しかし、比較した部分はあくまでも「目に見えやすい私費」である。裏を返せば、学校が集金している金額、指定している物品購入だけでも、就学援助費だけでは足りない。このほかに文房具などの買い替えや持参品といった、学校からは「見えにくい私費負担」も存在している。

また、ここにあげた年平均負担額8万4700円～14万900円は、所得にかかわらず一律に徴収されたり、購入すべきとされるものの費用（いわゆる応益負担）であり、家庭の経済能力によって、家計に占める割合は当然違ってくる。保護者の「普通教育を受けさせる義務」とセットで語られる「無償性」は、いわば周回遅れで並走している状態だ。応能負担の一助を担うはずの就学援助制度も十分とはいえない。

このような状況を考慮しながら、本書を読み進め、学校の〈モノ〉と〈コト〉にかかる費用を客観的にとらえ、その問題性について理解を深めてほしい。そして、子どもたちの教育を受ける権利を保障するため、費用負担のあるべき論に思いをめぐらせてほしい。

第1章

学校のモノとお金

こんなものまで 学校指定品

学校の指定品のうち、衣服といえば、まず中学校の制服が思いうかぶだろう。ほかには、体操着・ジャージ・給食着・水着などだろうか。

小学校の入学必需品の筆頭は、ランドセルだろう。祖父母からの入学祝いとして贈られるパターンが定着してきている。また、机の中やロッカーを整理させるために「引き出し」や「道具箱」を用意させることもめずらしくない。ほかにも、上ばきや体育館シューズ、名札、通学帽などにも指定品が存在している。

これらの購入には、各家庭での選択の余地があるものも含まれているのだが、「みんなと同じがいいだろう」というプレッシャーから指定品を買わざるをえない状況も生まれている。ランドセルの場合は「ランドセルという形状の指定」であるが、制服の場合は「○○学校の制服」という限定の指定があり、さらに縛りが強い。素材や品質の差などを各業者がセールスし、数種の選択肢があるにはあるが、保護者の私費負担を強いている事実に変わりはない。

実態

頭のてっぺんからつま先まで指定品づくめ

朝日新聞社がおこなったアンケート調査（2016年9月）がある。それによれば、制服のもっともよい点として多く選ばれたのが「家庭の経済状況の差が服装に表れにくい」（24・1%）、次点が「服装に気をとられることなく学校生活に集中できる」（22・8%）であり、もっともよくない点として多く選ばれたのが「購入先の選択肢が少なく、価格が高い」（52・6%）であった（下欄参照）。

よい点は票が割れたが、よくない点は集中している。すなわち、学校が改善すべき課題のひとつに、制服の価

中学校の制服、どう思う？

（朝日新聞デジタルのアンケートから／回答数1330）

Q もっとも良いと思う点は？（以下は上位４項目）

- 家庭の経済状況の差が服装に表れにくい　24.1%
- 服装に気をとられることなく学校生活に集中できる　22.8%
- その他・特にない　22.5%
- 周りに所属がわかり、安全や風紀を守りやすい　15.2%

Q もっとも良くないと思う点は？（以下は上位４項目）

- 購入先の選択肢が少なく、価格が高い　52.6%
- 過ごしやすい服装で学校生活を送れない　15.0%
- 転校・成長すると買い直さなければならない　12.2%
- 横並び意識が強まり、個性が育まれない　9.3%

格があるということだ。

　さらに、同社の調査は、公立中学校の制服（ブレザー上下＋シャツ一式）の価格には、自治体により2倍の開きがあることを明らかにした。ちなみに、最低額は3万6200円、最高額は7万7360円だ（大きな差があるが、後述するように、多くは最低額周辺でまとまっているように思える）。このような報道を受けて、地方議会でも改善に向けて少しずつ動きだしている。たとえば報道では、教育委員会が制服にかかる費用を把握していないこと、また教育委員会が関与していくべき問題とはとらえていないことが、議員の質問により明らかになった。一方、学校にゆだねている事項であるが学校間格差が大きくならないことが望ましい、という答弁もあった。

　ここで、著者が聞き取り

制服の価格例

ブレザー＋スラックス 31,440円		上着＋スカート 30,630円	
ニットベスト	4,200円	ベスト	6,730円～
ワイシャツ	2,160円～	ブラウス	3,260円～
ネクタイ	1,610円	リボン	855円

共通			
	指定通学カバン	8,640円	ほか、推奨品としてセーター、ベルト、ソックス、通学シューズなど
	スポーツバッグ	1,680円	
	名札（2枚）	625円	
	校章	400円	

調査をした各地の状況を確認してみよう（いずれも公立中学校）。

福岡県のツメ襟制服は、高額なところで3万5000円程度、セーラー服は3万円程度。群馬県では、同タイプのツメ襟が2万5000円程度、セーラー服は3万円程度。奈良県も同タイプのツメ襟で2万5000円程度だが、同一業者内で高品質と低品質の差が1万円ほどある。セーラー服には著しい開きはなかった。また、埼玉県にある同じ市内のA中学校とB中学校を比べても、少しずつだが価格に差が生じていた。

このように、同じ県の同じ市内でも価格に違いが生じているのが実態だ。加えて、地域や学校によっては、夏服と冬服を購入する必要がある。そうなれば、必要額はさらに増す。

ほとんどの場合、体操着の仕様は学校ごとに統一されている。校名や校章が入っていることも多く、生地も価格も1種で、1社独占販売も多い。一方で、調べた範囲内では北海道に、学校指定の体操着がない小学校もあった（ジャージなどで登校して、そのまま体育をおこなう子どもが多いそうだ）。

ひと昔まえまでの体操着は、男子が「半袖＋短パン」、女子が「半袖＋ブルマー」であったが、現在では男女ともに「半袖＋ハーフパンツ」が主流となっている（筆者が中学生のころに、ハーフパンツタイプの新しい体操着が導入された記憶がある）。

価格は、半袖Tシャツが小学校で1500円前後、中学校で2000円前後。ハーフパンツは2500円前後である。長袖Tシャツを選択できる場合もあり、価格は半袖より高い。寒冷地では長袖・長ズボンの指定品が付加されるところもある。価格は上下ともに3000円前後で、半袖・半ズボン以上に「つんつるてん」になりやすいため、買い替えの頻度も高い。

さらに、名前を記すためのゼッケンという付属品も存在する。アイロンで付着させるゼッケンを胸と背につけるのだが、100円程度×2。さらに、洗い替え分の体操着にもつけるため、必要数も手間も倍になる。

ジャージ

これも体操着と同様に仕様が統一されていて、独占的で競争性がない。登校後から下校前までをジャージですごす中学校の場合、週に5日以上、月に20日以上、これを着ることになる。毎年のように買い替えが必要なほど、ヘビーローテーションで愛用されている。夏季は着ないとしても、洗い替えも考えると2セットはほしいところだ。

価格は、上下で7000円超（!）が一般的であり、有名スポーツメーカーのジャージ上下と比べても引けを取らないお値段である。地域によっては1万円超のジャージを指定している学校もあった。私服に比しても十分、高額な部類に入るのではないだろうか。

体育関連にはほかにも、ハチマキ・水着・柔道着・剣道着などまだまだあるが、授業で使うモノに関しては章をわけて説明しよう。

前述したように、「ランドセルの形状をしたもの」という指定がなされることが多い。数ある商品から品物を選べるぶん、お金を出せる家庭と出せない家庭の格差が開く。インターネットで「ランドセル　激安」と検索すると７０００円程度のものがヒットし、「ランドセル　高級」で検索すると２００万円もする純金箔のランドセルや、シマウマ本革製（たてがみつき）１００万円のランドセルまでが販売されていた。

それはさておき、一般的には高額なもので10万円くらい、平均的には4万円程度のランドセルを選んでいると聞く。しかし、ランドセルの対抗馬「ランリック®」の場合は９０００円程度で安価である。形に改良を重ねた「ランリック２」でも1万１５００円。また、軽くて丈夫をコンセプトとした「ナップランド」はさらに安価の７０００円程度で販売されている。

通学カバン

多くの中学校で、背負えるタイプのカバン（通学カバン）と手持ちタイプのカバン（サブバッグ）の2つが指定されている。カバンには教科書やノートの類を入れ、サブバッグにはジャージの類を入れるよう指導される。教科書の判型がB5判からA4判主流となるにつれて、カバンも大きめに変化してきている。ランドセルも同様だ。

サブバッグ

価格はカバンが8000円前後で、サブバッグは1500円前後である。両方そろえて1万円ほど。埼玉県では、制服の指定販売店が、制服上下につきサブバッグを1つプレゼントする地域もある。

シューズ

履きものの指定品も多彩である。上ばき（校舎内用）、体育館シューズ（体育館専用）。中学校ではさらに、通学用シューズ（登下校用）、運動用シューズ（校庭での体育時など）が指定されることが多い。いくつかが兼用の場合もある。

＊上ばき……多くの学校で上ばきが指定されている。価格は1000円未満～2500円程度。ひも付きのスニーカータ

イプもあれば、バレエシューズ型のシンプルなものもある。指定品が1種に定められている場合、価格も1種で、近隣の学校指定販売店で買うことになる。「つま先の色」だけを指定しているような場合には、指定販売店だけでなく、ショッピングモールやスーパーマーケットなどでも安価なモノが手に入る。

＊体育館シューズ……上ばきとどこが違い、なぜ分ける必要があるのか検討してみたい（これは第4節「対策」編でも述べる）。価格は2000〜3000円で、上ばきより高価である。体育館シューズを上ばきと兼用しているケースもあり、そのほうが保護者としては経済的だ（この場合、体育館シューズを買わせて、それを「上ばき」と呼んでいる）。体育館シューズがわからない人も多いかもしれないが、毎年3万を超える小中学校で何十種も販売されている（2018年度の国公私立小中学校数は3万297校）。

それでは、体育館シューズの固有性とは何なのか。——ひとつにスリップ防止効果だ！　上ばきに比べて足底のゴムが滑りづらい。もうひとつには、体育館の床に塗られている特殊なワックスが、（汚れた上ばきより）はがれにくいだろうという、期待をこめた効果が想定されている。反面、上ばきのような手軽さはなく、購入も指定販売店となる。今後、上ばきと体育館シューズは一元的に検討していく必要があるだろう。

＊外ばき……通学シューズを推奨している中学校が多くある。「白いスニー

体育館シューズ

カー」といったゆるい指定にとどまることが一般的だが、制服販売店でセット購入するパターンが多くみられる。価格は３０００円程度。

帽子

学校には「かぶりもの」の指定品も多い。小学校の「通学帽子」は黄色が主流で、キャップ型とハット型がある。価格は１０００円前後。体育でかぶる「紅白帽子」は、おもに風船型と六方型。５００円くらい。

地域限定だが、「防災頭巾」は関東や東海地方での必須指定品。大きいタイプ（肩まで守る）と小さいタイプ（頭だけ守る）の２種が主流。大タイプで３５００円、小タイプで２５００円程度。中身はポリエステルの綿で、（財）日本防災協会正式認定商品が多い。平時は専用カバー（５００円程度）に入れ、座布団として用いたりする。しかし、綿がへたると、いざというときに力を発揮することができなくなるおそれがある。

中学校の自転車通学では、白い簡素な「ヘルメット」を指定する学校が多い。３０００円程度が主流。オデコのあたりに校章がプリントされていたりする。

紅白帽子

防災頭巾

自転車通学用のヘルメット

名札・氏名印

小・中学校ともに名札がある。小学校に多いのがビニール名札。名札がなくても子ども同士は名前を覚えられるので、実質的には、おとなが子どもの名前を覚えるためのものだ。

小学1年生は、お札のような長い名札をつけて、新入生だという印象を周囲に与える。2年生からは、その半分くらいのサイズのものになる。安くて100円くらい。登下校時に名前が見えないよう裏返せるリバーシブル名札は150円くらいである。着脱しやすいクリップ機能などがつくと300円程度。中学校の名札はアクリルプレート製が多く、300円前後である。

もうひとつ、名前系のものとして氏名印（ゴム印）があり、これは学校側が使うモノである。どんな難しい名前の子どもでも、スタンプ台をひと叩きするだけで氏名が印字できる。デジタル社会においても入学と同時にゴム印を用意する文化こそ学校だ。価格は1つ150円前後で、小学校を卒業すると成績の情報などといっしょに中学校へ送られる。くり返すが、学校側が使うモノであり、「入学と同時に保護者様には購入していただきますが、9年間学校で預からせていただきます」といった一文を集金のお知らせなどに添える学校もあるようだ。中学卒業時に生徒に渡される。

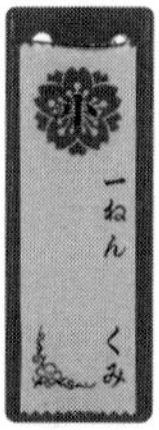

新1年生用の
長い名札

引き出し・道具箱

「引き出し」とは、各自が机の中に入れて中身を見やすくし、かつ整理しやすくするモノで、おもに小学校で使用している。選択できる斡旋購入品にしている場合が多い。「道具箱」をフタと本体の2つに分けて机の中に入れこみ、引き出しのように使っている学校の教室では、教科書やノートはランドセルに入れておき、机の中には道具を中心にしまう。また、引き出しと道具箱を併用している場合は、教科書やノートを引き出しに入れ、道具箱は必要なときにロッカーから出してくる。引き出し的に使われる道具箱は600円前後。これは、引き出しのついた机を学校で用意すれば、保護者が購入する必要のないものである。

連絡帳

連絡帳は、小学校で準指定品のようになっている。最初の1冊を全員に購入させ、その後も同様の連絡帳を使いつづけることが多い。おもに保護者とのやりとりに使われる。中学校では「生活ノート」などと呼ばれ、授業の準備や連絡事項を記入するが、担任とのやりとり用コメント欄も設けられている。

小学校では、たとえばこんな使い方がされる。忘れ物をすると、赤字で「忘れ物　習字セット」などと自身で書くように指導され、担任はその記入をチェックしてサインする。子どもはそれを家に持ち帰り、保護者のチェック&サインをもらわねばならない(そこでまた怒られたりする)。

価格は連絡帳が100円前後、生活ノートで200円前後が主流だが、年間1冊では足りず、数冊買うことになる。ちなみに、小学校の連絡帳は袋に入って持ち運ばれるというVIP待遇である。その袋は300円前後で、本体より高い。家庭向けの手紙なども連絡帳袋に入れさせて確実に保護者へ渡るようにすることがねらいである。

＊

ここまでいくつもの学校指定品や、それに準ずるモノを紹介してきた。わたしは、学校に勤めている事務職員であり、学齢期の子どもと暮らしている親でもある。にもかかわらずあらためて感じたが、学校はこんなにも指定品や準指定品であふれている。学校の教職員でもなかなか知りえず、あるいは知っていても、しかたないとされることが多かったのかもしれない。

	福岡県 C中学校	奈良県 D中学校	群馬県 E中学校	埼玉県 X小学校	山形県 Y小学校
	2,469円	2,000円	3,240円	1,050円	2,214円
	―	2,700円	―	1,350円	―
	―	―	―	―	―
	2,264円	2,700円	1,830円	1,583円	1,625円
	―	―	2,620円	―	2,395円
	1,955円	2,850円	2,700円	1,983円	1,510円
	―	―	―	―	2,320円
	―	―	―	100円	―
	4,320円	3,850円	6,200円	計6,066円	計10,064円
	3,703円	3,450円	4,250円		
	7,452円	―	9,700円		
	―	―	3,550円		
	22,163円	17,550円	34,090円		

※公立の中学校5校と小学校2校の調査（2018年）。A中学校とB中学校は、同じ市内にある学校である。
※金額の入っていない欄は、指定品がないか、制服のタイプの違い等による。

埼玉県の同じ市内にあるA中学校・B中学校で指定品（推奨品や購入任意のものも含めて）すべてを購入すると、男子で80,552円（A中）、81,491円（B中）。女子で90,587円（A中）、79,376円（B中）となる。

本書の「はじめに」でふれたアルマーニ制服一式とほとんど変わらない費用であることに気づいただろうか？　小学校で一式８万円のアルマーニ指定品だからこそ話題になったが、多くの中学校で同等の費用負担を保護者に求めているのだ。

また、公立学校のあいだでも、学校によって指定品の数や負担額に差のあることがわかる。

学校指定品と価格の比較

指定品	埼玉県 A中学校	埼玉県 B中学校
上ばき	1,850円	990円
体育館シューズ	2,600円	2,980円
通学シューズ	2,980円	2,980円
体育着・半そで	2,200円	1,810円
体育着・長そで	──	1,950円
体育着・ハーフパンツ	2,100円	3,000円
体育着・長ズボン	──	──
名前ゼッケン	120円	110円
ジャージ（上）	3,900円	3,850円
ジャージ（下）	3,600円	3,650円
通学カバン	8,640円	8,150円
サブバッグ	1,680円	1,680円
ここまでの計	29,670円	31,150円

制服類		A中学校	B中学校
男	ブレザー	20,990円	19,580円
	冬スラックス	10,450円	10,400円
	夏スラックス	8,860円	8,250円
	ベルト	1,300円	1,300円
	ネクタイ	1,610円	1,350円
女	ブレザー	17,830円	15,500円
	スカート	12,800円	12,000円
	夏スカート	11,770円	9,915円
	ベスト	6,730円	──
	リボン・ネクタイ	855円	1,350円
	ブラウス	3,260円	──
セーター		4,350円	──
ニットベスト		──	4,200円
長袖ワイシャツ		──	2,500円
半袖ワイシャツ		──	2,350円
半袖ポロシャツ		2,610円	──
名札		312円	411円
校章		400円	──
制服類一式購入で……男子 女子		計50,882円 計60,917円	計50,341円 計48,226円

歴史

エリートの象徴から管理のツールへ

学校指定品すべての発祥をさかのぼることはできないが、制服や体操着などについては、教育史研究者の働きで一部明らかにされてきている。なかでも制服の発祥が、明治時代初期であり、和装から洋装への転換と重なっていることは興味深い。

制服は洋装とともにやってきた

和服が一般的であった日本に、明治維新とともに西洋文化がなだれこんできた。1879(明治12)年、まずは男子について、学習院がいち早く海軍士官型の制服を導入し、それ以後、ツメ襟・金ボタンの陸軍型制服が師範学校を中心に広がった。軍事的な教練を含む体操を取り入れたため、さらに、外見的にも機能的にも「忠君愛国」「質実剛健」の学校精神を体現するものであったために、陸軍型制服が子どもに支給されていくようになる(無償)。着物は一般的に各家庭で調製されていたが、普及してまもない洋服を各家庭に作らせることはもちろん無理であったろう。そのため、学校が制服を給与するという当時の方法は納得のいくところである。

このように、男子については、教育活動における利便性の観点や、体操の授業導入を契機として、ま

帝国大学のツメ襟服
1886年採用

た和装よりも動きやすいという軍事的な意味あいも含めて、早々に洋装の制服が取り入れられたが、女子はやや浸透が遅れている。

女子に対する制服の議論そのものは、男子と同様に明治初期から始まっている。たとえば1872年、東京女学校の開学にあたり、制服の導入が議論された。そのさいに、文部省からの制服に関する伺いに対して、太政官左院は、男女の差別化を温存しようとし、男子とは異なる女子の制服を上申した。

その後、高等師範学校女子師範学科は、1885年頃に洋服制服を採用したが、制服は生徒に無償給与されたという。ほぼ同時期に開校した華族女学校においても、洋服制服が採用されたが、こちらは有償で私費負担とされた。とくにイギリス水兵の軍服をモチーフとするセーラー服は、「従順」「貞潔」「清楚」なイメージであり、洋服としては縫製が容易で衣料が節約できたため、のちに人気となった。その意味では、男子の制服に比べて女子の制服は、「質素倹約」が先行したものといえる。

こうした流れのなかで、文部省訓令により、1880年代後半、男子生徒への洋装制服の支給、女子生徒への洋装制服の採用が規定されることとなる。

しかしながら、男子生徒の洋装制服はこれ以降、順調に普及するが、女子生徒のほうは一度、和服に回帰した。女子生徒の洋装制服はあとまわしとされ、これが定着してくるのは1920年代以降とだいぶ

福岡女学院の
セーラー服
1921年採用

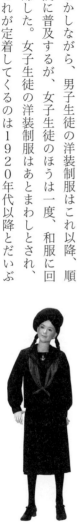

遅れてからとなる。関東大震災（1923年）で和装の女性たちが多く被害を受けたことを機に、人びとがこぞって和服を洋服に変えたという話は有名だが、和服特有の不自由さが洋装への転換を推し進めたのだといえよう。防災頭巾が関東圏と東海圏で学校指定品として定着しているのも、これと同一の発想があるからと推測できる。

動きやすさの重視という意味で、いわゆる「体操着」が考案されたのが1900年頃である。高等女学校令の改正にともない、「学校体操」が必修化したことから、袴《はかま》中心であった女子生徒に、より動きやすい服装が考案されたのである。女子高等師範学校に勤めていた井口《いのくち》あくりという教員が、上半身はセーラー服、下半身にはブルマーの原型となる短めの袴を考案し、通学服（制服）と体操着を区別して、必要なときに着替えるという方法を提起した。

制服官給の停止と一般への普及

昭和に入り戦時下になると、国民服装統制の観点から、1941年、文部省が男子・女子それぞれについて国防色である茶褐色の「国民服」を規定した。この国民服については、経済的な理由もさることながら、「一億総火の玉」としての精神の普及が目的とされており、当の国民からの人気はそれほど高まらなかったとの指摘もある。かえって、各学校で独自に根づきはじめていた黒のツメ襟やセーラー服などへの「あこがれ」のような感情が、国民服強制の下で高まっていった。「国のために耐乏し、没個性であること」を強いられたことへの無意識の反発であったともいえる。加えて、当時の資源不足と戦況の悪化により、国民服の普及は不徹底に終わったという。

国民服

　戦後、衣料事情が好転するにつれ、子どもたちは戦中の反動のように「あこがれ」のツメ襟やセーラー服を求めるようになる。とくに男女共学が始まったことで、異性の目を気にしてそれらを好んで着る生徒も多かったという。教師はもちろん、保護者や子ども自身も、「学生らしい」ということで好んで制服を求めるようになっていく。

　1970年代には、新制高等学校での制服の採用は97%にも達した。中学校でも、高校の動きにならって制服の採用が急速に進んだという。「りりしい」ツメ襟、「可憐・清楚」なセーラー服、「真面目」なブレザー（背広型）を制服とすることは、教師が集団的な生徒指導の必要性から求めたものであるとともに、子ども自身が望んでそれを着ることを選んだ学校もある。

　明治時代には一部で給与制となっていた制服が、私費負担が当然であると転換した経緯については推測するよりないが、ひとつ重要な点としては、中等教育の普遍化、すなわち「一部の特権的階級だけでなく多様な階層の子どもたちが高校に通うことになった」ことがあるだろう。そのすべての子どもたちに制服を給与することは現実的ではなかったのだろうと思われる。しかし、もう一方で、制服を着ることが、子どもたちにとってひとつのあこがれ、ステイタスともなっていたこと、また、戦後の経済復興とともに価格が高騰しつつあった私服をとりそろえるよりも、制服一着のほうが安価ですむという発想が、私費負担による制服の定着を進めさせたことも見逃せない。

管理と没個性化のツールとして

高校では1970年代、生徒の側から服装自由化の嵐が吹いたが、やがて下火になる。80年前後からは制服の「改造」が流行し、画一的な制服への反発が起こる。その動きに比例して学校側の管理主義的な教育も熱を増し、「服装指導」が徹底されていく。生徒を整列させて、女子生徒のスカート丈、男子生徒の髪の長さを教師が計測するといった光景が当たりまえにみられた。スカート丈はひざ下何センチ、靴下の色は何色、Yシャツは一番上のボタンまできちんと留める、ツメ襟のカラーは外さない、などの細かい制服規定が各学校にて独自に定められていった。制服は学校ごとに多少なりともデザインが違うことから、制服を見れば、どの学校の生徒かがわかる。そこで、制服を着て歩くことはその学校の看板をぶら下げて歩くこと、という発想が広がっていく。休日に遊びに行くときにも制服着用を義務づける学校が出現し、学校の外でも「わが校の看板」を汚さぬようなふるまいを求める動きが根づいていった。

同時に、高校受験の過熱化にともない、偏差値による学校の序列化が進み、制服は偏差値により階層化された学校にその生徒が通うことを表す、もっともわかりやすい「記号」となった。「○○高は頭はよくないけどかっこいい」「○○高校はダサいけど、偏差値が高いからいい大学に行ける」といったように、制服はそこに通う生徒一人ひとりの人格ではなく、その学校全体を漠然とランク付けするためのものとして子ども社会で語られるようになった。制服というわかりやすい「記号」を身につけてそれにふさわしい「○○校生」となることを、学校が強く求めるとともに、子どもたち自身も受け入れていく風潮が形成されていった。

　しかし、現代になり、こうしたわかりやすい「記号」が、じつは子どもたちにとって個性を封じるツールであったことが、明らかになりつつある。生徒管理と没個性化を進める、合理的な理由の乏しい校則は、最近では「ブラック校則」として取りざたされるようになってきている。高すぎる制服、多すぎる指定品、指定品ではない物品にまでおよぶ服装指導、生まれながらの髪色などを否定する校則に批判の声が上がっている。

　さらに「ブラック校則」以外にも、指定品見直しの機運は高まっている。たとえば、東日本大震災後、非常時に安全に逃げるために子どもたちに何を身につけさせるべきかという議論が提起された。底の薄いバレエシューズ型の上ばきは、ガラスの破片やがれきの散乱しているところを走るのにはふさわしくない。そのため、上ばきをより底の厚い運動靴に変更する学校や、新潟の一部

柏市立柏の葉中学校で導入された制服。スラックスかスカートか、自分で選択できる

地域の学校のように、指定靴をなくし、上ばきとして自分の好きな運動靴をはくことを認めている学校も増えてきている。関東大震災を機に、より動きやすい洋服が普及したのと同様の変化が、東日本大震災を通じて起きているのだといえる。同様に、猛暑に対応する制服への改良や、性的マイノリティに配慮するための制服廃止あるいは改良（前ページの写真を参照）が議論されている。

このような歴史をみてわかるとおり、制服などの指定品は、基本的には教育活動を円滑におこなうため、また体操の授業などにおいて子どもたちの安全を保障するために考案されてきた経緯がある。しかし他方で、男女の差別、学校間の差別を温存し、その学校への帰属意識を高めること、そして子どもたちを没個性化するためのツールとして機能してきた。

理念

なんのための指定品か

制服指定・服装指導の根拠と限界

第1節「実態」編でみてきたように、日本の学校指定品の多さは尋常ではない。学校によっては、頭のてっぺんから足もとまで、身につけるものすべてが指定され、教育活動にあわせて1日のうちに、制服から体操着へ、体操着からジャージへ、というように学校指定品コスチュームを付けかえることもある。

　ここで、より根本的な疑問を抱く人もいるだろう。「学校はいったい何の権限で、生徒の見た目を画一化できるのだろう？」と。しかも、それが保護者に過剰な経済的負担を課すことにつながっているのだ。「学校はいったい何の権限で、こんなにも家庭の財布からお金を抜きとっていくのか」と、ひそかに思う保護者も少なくないのではないだろうか。

　基本的には、制服や指定品の決定権限と、その購入・着用義務づけの権限は、校長を代表者とする学校側にある。戦後に確立された「学校の教育自治」の考え方にもとづき、各校の校長が教師の意見もふまえながら「わが校の制服」を決定し、その購入と着用などを子どもたちに求めていく、というのが一般的な手続きである。

　しかしここで参考になるのが、「校則の拘束力」という（ダジャレのような）教育法学上の議論だ。

　1970年代、管理主義的な教育の風潮が強まるなかで、男子全員に丸刈りを課したり、バイク免許取得を禁止したりするなどの校則が全国的に広まった。校則に違反した場合には、たとえば教師自身の手で生徒を丸刈りにするような懲戒（罰）がおこなわれる動きもみられた。このときも、「なぜ学校は（また教師は）、校則を作ることができるのか」「なぜ学校は（教師は）、校則違反をした生徒に罰を課すことができるのか」ということが問題となった。

　教師の教育をする権限という観点から、この「校則の拘束力」や「校則の範囲」について考えてみよう。たしかに教師は「教育をつかさどる」（学校教育法37条）ことが職務とされており、生徒を教育し、また懲戒をする権限（学校教育法11条）をもっている。服装や校則をきびしく守らせることは生活指導のうちという考え方をもっている人もいる。

教師が担う教育活動には、おもに教科教育（つまり授業）と生活指導（主として授業以外の場面）の2つの領域がある。このうち生活指導においては教科教育以上に、多様な家庭で育った多様な子どもたちを相手に柔軟性をもっておこなわれる必要がある。中学生や高校生ともなれば自分自身の考えや価値観があり、それとは矛盾する教師の判断や校則を一律に強制することは、子どもの思想・良心の自由（憲法19条）や、見た目や行動などのプライベートな事柄をみずから決定するという意味での自己決定権（憲法13条）を侵害しかねない。

また、子ども自身だけでなく、保護者との関係性も重要である。教師の判断と保護者の判断がくい違った場合、その子どもに一番近いところで暮らし、その子を育てていく義務（民法８２０条）をもつ保護者の判断が優先されるのが筋であろう。

こんな考え方から、生活指導の場面については、教師のもつ教育をする権限は、あくまで指導助言にとどまる、という学説もある。事実、学校や校長が校則を定めることができる、と明記している法令は存在しないのだ。

それゆえに、いくら校則といえども、子どもの人権侵害におよぶような強い規制をあいまいな根拠で規定することは難しいし、校則違反だからといって、学校がその生徒に重い罰を課すことはもっと難しい。通常よりも割高の制服や指定品を「中学生らしいから」というあいまいな理由で強制的に購入させ、成長期の子どもにワンサイズ上のものをまた購入させ、それを着てこないと「校則違反だ。家に帰って着替えてこい」というようなあり方は、そもそも疑問視されてよいだろう。学校制服に関しては、こうしたことが判例でも述べられている（1989年7月19日東京高裁）。学校側に指定品の指定権限があるとはいえ、子どもや保護者の意向が無視されてよいわけでないし、その指定・校則から離脱する自由も認められる必要がある。

指定品が公教育への入り口をせばめてはいないか

学校指定品の購入・着用を義務づける校則は、じつは、学校教育の入り口で子どもたちをそこから排除する機能を果たす可能性が高い。それは、前節でみたような多種多様の指定品が学校には存在し、それを着用していないと学校の校門をくぐることすらできない、という意味だ。

入学前に大量の指定品を購入しなければ、わが子が入学できない。だから、無理をしてでも購入する——。中学校の制服購入のために借金をしたことがきっかけで多重債務におちいり、無理心中を図った悲劇が現にある。価格の側面のみならず、購入プレッシャーも相当強いことがわかる。

ましてや、学校指定品のおおいなる謎のひとつであるが、その学校の校長も、教師も、子どもも、保護者も、だれも選んでいないのに、「それ」が絶対的な存在として君臨していることがままある。何十年もまえの顔も知らない人たちが定めた学校指定品を、異動してきた教員たちは「これがこの学校の制服か」と金額も見ずに受け入れ、粛々と一律購入させ、購入・着用をしていない子どもに指導をおこなう。また、子どもや保護者の側も、言われるがままに購入し、指導されるがままに着用する。「だれも『この制服がいい』と選んでいない」のに、である。

先の教師の教育する権限や「学校の教育自治」の考え方にもとづけば、校則の一環である学校指定品の指定・一律購入・一律着用のルールは、校長や教職員が明確にそのルールの必要性を説明でき、子どもや保護者が納得して受け入れる、というプロセスがなければなりたたない。教師の教育する権限は子どもの成長発達に資することが目的であり、子どもやその第一義的な責任者である保護者の意見を無視して物事を強制できる権限ではないからだ。

「制服はいいけど、校章を入れる必要はないのでは」「無地の上ばきであればもっと安くなる。なぜライン入りのものにする必要があるのか」「指定品はなぜその店でしか購入できないのか」「そもそも登下校時の靴まで指定する必要があるのか」――このようにさまざまな「なぜ？」の答えを学校関係者で追求し、納得いく指定品はよいが、そうでないような指定品であれば、見直していく必要があるだろう。

ただし、そこでは多数決という方法で合意をとりつけてはならない。多数決という方法は、少数派の人権保障にはもっとも不向きな方法だからだ。たとえば、スカートをはきたくない女子生徒や、海パン1枚で水泳の授業を受けたくない男子生徒がいる。また、9割の人は3000円のワイシャツを複数購入することができるかもしれないが、1割の人にはそれがきびしい。そのような人は多数派に対して声をあげづらいということも多い。よって、多くの人が制服や指定品に賛同したとしても、すべての人に一律強制されることは避けたい。

制服を着ない自由、制服を選択する自由、制服を着る自由のいずれもが保障されれば、どの考えの人も行きやすい（生きやすい）学校となるだろう。そのため、学校側は保護者や子どもたちの多様な意見や要望を把握しながら、機能性やデザイン、価格の視点のみならず、個性尊重や人権保障の観点からも総合的に検討し、必要なものを最低限の値段で指定すること、また購入ができない家庭の子どもには懲戒を課さないなどの配慮が求められる。

対策

どの指定品を残すのか

「実態」編で紹介した指定品に対して、一つひとつ対策や対案を提示していくのはひじょうに難しいが、それに向けたステップとして、それぞれの学校でどんなモノを、だれが費用負担しているのかを整理して（費用負担はほぼ保護者であろうが）、ここまでみてきた歴史や理念を参考にしながら、本来はどのような状態が望ましいかを考えていこう。

保護者としてできること

たとえば、名札（37ページ）ひとつにしても、名札を付ける効果と費用とを比べて、学校と保護者で話し合いながら意見をまとめることは可能なはずだ。その結果、効果が高ければ購入を続けたっていい。だいじなのは効果が低いとなれば廃止にしたっていいし、「イママデドオリ」の固定観念を整理しなおすことだろう。

効果を検証し、その意義を共有して購入を続けるとすれば、つぎに考えることは、だれが費用を負担するかである。ここでもイママデドオリの考え方（名札＝保護者が負担）を見直してみる必要がある（実際、学校が負担して名札使用を継続している学校もある）。学校が費用を捻出できない場合は、学校から自治体に予算を求めることも可能である。そのためにも、意義の再検討と効果の検証は必要となってくる。

しかし、現実問題として、こうした改革に踏みだせる保護者は少ないことも、現場にいればよくわかる。そこで、だれでもできる方法として、学校評価制度を活用するとよい。

学校評価には、学校自身による「自己評価」と、保護者など「学校関係者による評価」があり、多くの自治体でともに実施が義務づけられている（学校教育法第42条ほか。後者は努力義務）。そして、多くの学校では、自己評価（学校が自己の教育活動を評価する制度）をおこなう流

学校教育法

第42条　小学校は、文部科学大臣の定めるところにより当該小学校の教育活動その他の学校運営の状況について評価を行い、その結果に基づき学校運営の改善を図るため必要な措置を講ずることにより、その教育水準の向上に努めなければならない。（中学校にも準用）

れのなかで、保護者にアンケート調査を実施しているので、その自由記述欄やコメント欄を使って要望をあげることができるはずだ（アンケートは集計担当者がまとめて、かならず会議の場で共有される）。その結果を勘案して、たとえば「制服検討委員会」などを立ち上げ、イママデドオリでよいかどうかの検証をおこなうことはできるだろう。

公取委からみた制服販売の問題点

学校指定品に関しては、制服を例にするとわかりやすい。

公正取引委員会がまとめた「公立中学校における制服の取引実態に関する調査報告書」（２０１７年11月公表）によれば、学校は制服メーカーの見直しをおこなっていないことが多く、同時に、指定販売店の変動もあまりない実態が明らかになった。制服メーカーや販売店の入札などをおこなっている事例は一部だったという。

また、制服の平均販売価格について安い傾向をみせたのは、

・制服の仕様を共通化している自治体
・学校が案内する指定販売店が４つ以上ある場合
・学校が制服の販売価格の決定に関与した場合

であった。

公正取引委員会はこうした調査結果をふまえ、公正な競争を確保して生徒・保護者に安価で良質な

制服を提供するため、学校に期待する以下のような取り組みを提言している。
・コンペ、入札、見積もりあわせなどを通じてメーカーや販売店を選ぶ
・独自仕様の制服の場合には、その必要性を検討する
・新規参入を希望する業者からの求めに対し、回答拒否や情報の囲いこみをしない
・指定販売店を増やす
・制服メーカーに求める提示価格を販売店への卸売価格とする
・コンペなどにおいて、安い価格の提示を求める

文部科学省も、公正取引委員会の報告を受けて2018年3月に「学校における通学用服等の学用品等の適正な取扱いについて」を通知し、就学援助制度利用者などを考慮して保護者の経済的負担を軽減することを呼びかけている。そこには、「保護者等ができる限り安価で良質な学用品等を購入できるよう」にすることや、「制服などの選定や見直しについては保護者等学校関係者から意見を聴取した上で決定することが望ましい」と書かれている。

ずっとこの制服だから――という前年度踏襲が続き、制服の意義や価格に対する説明が保護者に対してできなければ、不信感や不満感も出てくることは想像できる。たとえば、中学校の場合なら生徒が入れ替わる3年を目安にするなどして、制服の妥当性や指定の意義、価格などを話し合う場、いわば制服検討委員会や制服協議会などを設けることが求められるだろう。そこには、学校の代表にプラ

スして、着用する生徒の代表や費用負担者である保護者も加わることが当然必要だ。

例年どおりを見直し、必要性を説明できるものだけに

1960年代から70年代にかけて、統一された制服を着用することにより子どもの個性が制限されているなどの理由から、制服の見直し運動が起こり、とくに高等学校において制帽や制服を廃止し、自由な服装による登校を認めていた事例もあった。その流れで現在も、自由服登校の学校は少なからず残っている。また、指定品の慣習化を見直すことや、指定品はあくまでも推奨であるとする通知を教育委員会が出した例もある。福岡県教育委員会は、「必要性を生徒や保護者に説明できるものにし、効果が低下したものは指定を取りやめたり推奨にとどめたりする」という内容を県立高校へ通知している。小中学校へ出された通知ではないが、県内の市町村教育委員会・小中学校もそれにならうべきだろう。

制服以外の指定品も、学校でのやり方を変えることで費用負担を減らす取り組みにつながることもある。たとえば、体育館の入り口に足ふきマットを用意して、体育館シューズを上ばきと兼用することで、はきかえる時間やスペースの問題が解決でき、費用負担も減らせるだろう。教室から体育館シューズを持っていって入り口ではきかえて入館するというやり方を、はきかえることなく入り口で靴底をきれいにしてから入館するというやり方に変更するパターンである。

指定品の問題を解決するには、「イママデドオリで当たりまえ」を見直す作業が必要である。まず

は、前年度踏襲が当たりまえで検討事項にも上がらない状態からの脱却が必要だ。当たりまえのように例年購入している業者から、例年どおりの価格（正確にいえば、言い値）で買わされている場合が多いだろう。学校の人事異動で担当者がよく替わったり、あまり意識せずに依頼していたりする場合は、業者のほうがイニシアティブをとって購入の斡旋をしている場合も多くなっていると想像できる。しかし、公正取引委員会が示したポイントを一つひとつ実行していくことで、価格が抑えられ、学校側は、指定品購入の必要性を保護者にしっかり説明することにもつながるだろう。

以上の方法は、このあとの章で伝える補助教材や消耗品にも、また、第4章以降の「学校の〈コト〉とお金」に関しても、同じ対策をとることができると考えてよいだろう。以後、重複記述は極力おこなわないが、そのように考えてほしい。

第2章

学校の**モノ**とお金

増えつづける
補助教材

いま、子どもたちは学校で、教科書以外にもたいへんな量の補助教材や副読本を使うことになっている。教科ごとのワークやドリルに資料集。実験や工作に使う実習キット。さらに書道セット、裁縫セット、絵の具セットといった道具セット。リコーダーに鍵盤ハーモニカ……。

これらのほとんどが、保護者の費用負担で購入されている。しかし、たとえばの話、おもに宿題に使われる（つまり家庭学習用である）漢字ドリルや計算ドリルまでも、学校が指定すべきものだろうか。

また、副読本など、公費でまとめて購入する場合もあれば、保護者からお金を徴収して購入するものもある。自治体によって、また学校によって、公費と私費の選択はまちまちであり、自治体が作成している場合と既製品を購入する場合とで分かれることが多い。なお、文部科学省が発行している副読本は、教科書と同様に無償給付されている。

実態

教科書よりずっと多い、私費購入の補助教材

それでは、学校で実際に使われている補助教材を紹介していこう。まずは、教科におおむね共通する補助教材、そして、そのあとは小学校の教科ごと、ところどころ中学校の教科もまじえながらみていく（教科は学習指導要領と同じ順序で紹介。総合的な学習の時間は省いている）。

ドリル・ワーク・テスト

＊おなじみの漢字・計算ドリル 全学年

小学校で宿題に活用される代表選手である。1冊３００円程度のものは学期ごとに1冊。５００円程度のものは上下巻で年に2冊。つまり、1学年に１０００円前後×漢字と計算の2種類分がかかる。さらに、そのドリルの習熟を確認する小テストが1冊50〜１００円程度。中学校でも朝自習や宿題用に、ドリル的な小テストを購入させる場合もある。

＊ワークもあれば、テストもある 全学年

国語科、算数・数学科、理科、社会科、外国語科でよく用いられる。教科書準拠のものが多

い。価格帯はさまざまだが、ワーク500円前後、テスト300円前後、が平均だろうか。すべてを用意させるわけではないが、あげればきりがなく、文法練習ノートや古典学習ノート、実技教科でも保健ノートや技術家庭総合ノートなど（500円前後）もある。学校が決めた品を、保護者から集めたお金で購入する。

国語と計算のドリル
理科テスト
各300～500円程度

＊汚れ対応までばっちり――書道セット 小3～

国語のなかに「書写」の授業がある（小学校では年30時間がめやす）。1・2年生では硬筆による書写、3年生からは毛筆を使った、いわゆる習字の授業が始まる。ここで斡旋購入することになる書道セット（バッグ付き）は、3000～5000円という大物教材だ。業者が学校へ販売にくるか、または集金袋が配られる。現物持参でもよいのだが、持参にふみきる保護者は少ない。

書道セットの中身は、筆・筆巻き・すずり・墨・下敷き・文鎮が基本。筆などの質やオプション品の違いによって価格に幅がある。最近では、すずりはプラスチック製で、墨は固形でなく墨汁が主流。洗えば落ちる書道液（380円）や応急シミヌキ剤（370円）まである。

＊書きぞめセットもオプションでどうぞ　小3〜

競書会などで書きぞめを学校でおこなわせる場合もある。すると、長い下敷き（1000円程度）が必須となり、より太い筆（1500円程度）を用意することもある。たとえば、埼玉県には小・中・高・特別支援学校による「硬筆展覧会・書きぞめ展覧会」という全県行事があり、指定の手本、練習帳、画仙紙（書きぞめ用の半紙）などの購入が必然となっている。こうしたものは私費購入が多いのだが、わたしの勤務校では公費で購入している。補助教材が私費になるか、公費になるかは、学校によって違ってくるのだ。その理由については第4節「対策」編でくわしくふれよう。

書道セット
3000～5000円

長い下敷き
1000円程度

書きぞめ筆
1500円程度

＊使用頻度のわりにかさばる辞典　小3〜

近年、小学校では辞典を各自に持たせるケースが増えている。同じ国語辞典を使って使い方から教えるため、書きこみやマーカー引きをさせる指導も多い。個人持ちの辞典は私費負担で、国語辞典・漢和辞典ともに2000円程度が主流。中学校では一般用で3000円程度することもあるが、図書館に常備することで足りる場合が多い。学校図書とすれば、公費で購入することができ、毎年買う必要もない。

社会科

＊写真集ならぬ資料集 小5〜 中1〜

中学の社会科といえば資料集が思いうかぶほど、よく使われている。カラー写真がふんだんに使われた資料集（下の写真）は、1冊６００〜８００円ほど。地理・歴史・公民の3領域そろえると、１８００〜２４００円になる。ただし、別で準備した資料を大型モニターで提示するなど、授業の工夫をすれば、ひとり1冊を購入させる必要はなくなる。

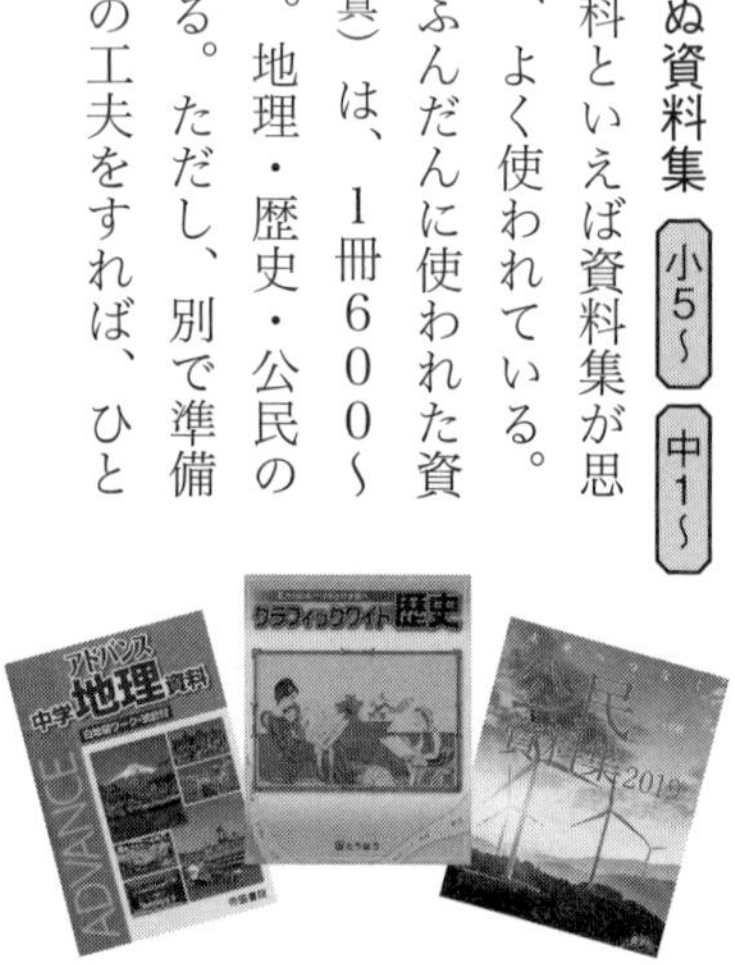

地理・歴史・公民の資料集
各600～800円程度

＊地図帳は教科書待遇、白地図は保護者負担 小4〜 中学

社会科には、めずらしく公費負担の補助教材がいくつかある。そのひとつは地図帳だ。これは「教科書」であるため、小学校では4年生で、中学校では1年生時に、３年間の使用をみこして無償給付される。

似たような教材として白地図があるが、無償給付はされない。ワーク的なものは意外と高く、１０００円程度もする。最近では、単純なものはＷｅｂサイトから無料でダウンロードできる。そのため、私費で購入させるところは減ってきた。

算数・数学科

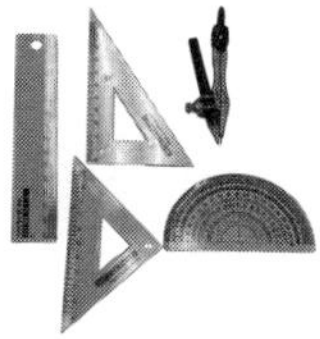

＊記名地獄の到来！——算数セット　小1

伝統的かつ有名な補助教材の算数セット（左の写真）。時計（時計の概念を理解する）、かぞえ棒（100までの数を数える）、数カード（数字を覚える）、おはじき（数の概念や足し算・引き算の理解を助ける）、ブロック（くり上がり・くり下がりの理解を助ける）、計算カード（足し算・引き算の習熟）などが詰まったセットだ。2500円程度のものを斡旋購入させる場合が多い。多くは1年生でしか使わないため、きょうだいで使いまわすことは可能。入学祝いとして教育委員会が公費で購入して寄贈している例もある。

パーツすべてに名前を書かせる慣例が、保護者に試練を与えていることでも有名なセットだ。かぞえ棒など100超もあり、しかも米粒ほどの部分にいちいち名前を書く。名前書きの総量は600〜800箇所！　笑えない事実だが避けられず、名前シールを発注したり、氏名スタンプを作る保護者もいる。とはいえ、そのぶんの実費と、貼る手間・押す手間は省けない。

最近は、単品や小セットで買わせる学校も増えてきた。たとえば、ブロック、計算カード、時計だけの小セット（1400円程度）。この場合、かぞえ棒などは公費で用意したり、そもそも使わない指導計画

算数セット
2500円程度

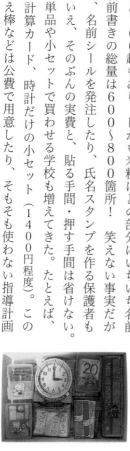

を立てたりする。個別の価格も確認しておこう。時計（350円程度）、かぞえ棒（500円程度）、数カード（400円程度）、おはじき（400円程度）、ブロック（700円程度）、計算カード（350円程度）など。このうち、いちばん使うのは計算カードと答える教員が多い。

＊専用ノートで反復練習――ドリルとワーク 小学 中学

小中学校ともに、算数・数学は他教科に比べてこれらの種類が多い。安いドリルで400円程度、問題集には300ページで1500円のものもある。書きこまなければ何度も使えるというわけで、各ドリルやワークに対応した専用ノートも販売されている（150円程度）。つまり、ドリル400円＋専用ノート150円が、1学年につき3学期分。専用ノートでなくてもかまわないはずだが、ドリル・ワーク＆ノートを選択する教員は多い。

ドリル
500円程度

専用ノート
150円程度

理科

小学校では理科の授業が3年生から始まる。理科でも資料集やワーク、テストの購入が考えられるが、他教科とほぼ同じ使用例と価格である。そこで、ここでは実験用品にしぼって、ひとり1個（1セット）を私費で買わせるような補助教材を紹介していこう。「持ち帰り」を前提に、ひとり1セッ

トを私費で購入させられる場合が多い。

＊風力、太陽光、電気エネルギーにも――車の実験セット 小3〜

たとえば、小学3年生に「風やゴムのはたらき」を学ぶ単元があり、風で動く車とゴムで動く車がよく使われる（右上の写真）。これは200〜300円程度。また、「豆電球」を使って電気を通すもの・通さないものなどを学ぶ単元では、豆電球セット（電球、導線つきソケット、電池、テスター）を購入させることもある（150〜500円程度）。

「光電池」を使う4年生の単元では、ソーラーカーまで作ってしまう。ソーラーパネルが高いため、1台1500円程度。5・6年生では「電流のはたらき」「電気の利用」といった単元で、コイルやコンデンサーつきの車を使うこともある（それぞれ700円程度）。小学校ではこのように「車」の教材がよく採用されるが、「持ち帰って遊ぶことができる」ことから私費で購入と説明されたりする。

＊星座早見盤・星座カレンダーで、家でも天体観測 小4

「月と星」を学ぶ4年生の単元で、星座早見盤を購入させることがある。値段は機能によりピンキリだ。このとき、星座カレンダーの購入も希望者に案内することがある。月の満ち欠けの説明教材は300円程度。

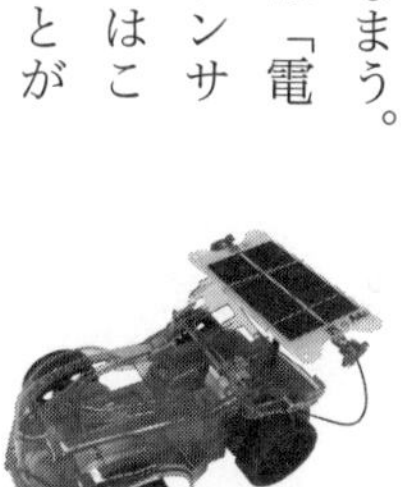

ソーラーカー作成キット
1500円程度

星座早見盤
300〜1000円

＊「先生不要!?」教師用デジタル教科書 小学 中学

他教科でもデジタル教科書がつくられてはいるが、中学の理科や数学のデジタル教科書は需要が高い。たとえば、クリックするだけで実験の映像を流せたり、図形の展開を動画で見せたりできる。市内全校で導入している自治体では公費で対応しているが、そうでないところでは、ライセンス契約にもとづく毎年の使用料を保護者に頭割りで負担してもらう（!）という話も聞く。ダウンロード版で1学年分1年間・2万円程度。1学年100人なら、ひとり200円の負担となる。

＊「絶対咲かせます」の、あさがおセット 小1・2

タネをまき、花を咲かせてその様子を学習する、生活科の代表的な教材が、あさがおセット（上の写真）。プラスチックの鉢やタネ、土や支柱までが1セットになっている。商品コピーに反するが、咲かないことも学習だろう。翌年はその鉢でミニトマトを育てる学校が多い。給水用にペットボトルをセットできるものや、成長に応じて支柱が3段延伸するものなど、いろいろある（600〜1000円くらい）。夏休みは家庭で面倒をみるため、保護者が持ち帰るという重労働もつく（総合学習でよくおこなわれる「バケツ稲づくり」も同様だ）。

＊多機能アイテム・探検バッグ 小1・2

生活科には「学校探検」「町探検」という冒険があり、「たんけんバッグ」なるものを一律徴収金で買うことが多い。目盛り入りバインダーに首かけひも、内ポケットなどがついた多機能バッグで、あんがい高価だ。

たんけんバッグ
600円程度

音楽科

＊じつはリユース可能な鍵盤ハーモニカ 小1〜

小学校低学年の定番楽器が鍵盤ハーモニカ（上の写真）。保育園などでも使用するが、多くの学校で斡旋購入させている。価格は3500〜7000円と幅がある。ホースと吹き口（300〜500円程度）を交換できる造りで、しかも、そのつど持ち帰らず学校保管になることが多いので、個人持ちでなくてもよいと思える。

＊ひとりに1本、リコーダー 小3〜 中1〜

小学校でソプラノリコーダー、中学校でアルトリコーダーを斡旋購入させる。小学校では、音楽の授業以外にも音楽会や音楽朝会など、使用機会はいろいろあるが、中学校ではそれより少ない。個人持ちとしている大きな理由は、

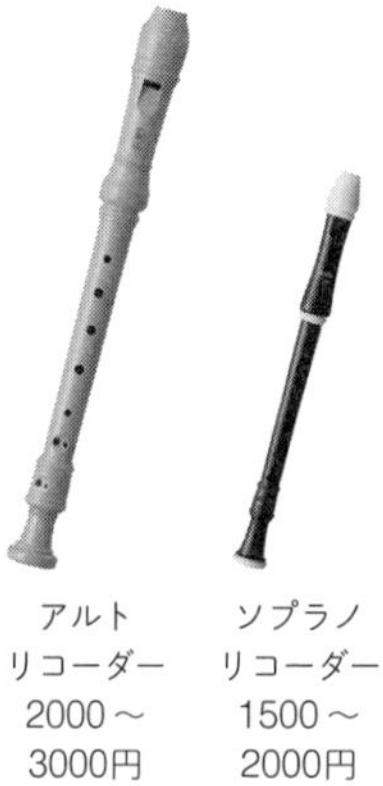

アルトリコーダー 2000〜3000円　ソプラノリコーダー 1500〜2000円

直接口をつけるもので、唾液が内部にたまりやすい構造でもあるからだろう。「洗浄すれば共用もありではないか」という意見はほとんど聞いたことがない。

＊歌集の用途はいろいろ 小学 中学

歌集には童謡や合唱曲に加え、わりと新しい邦楽や洋楽も収録されており、音楽の時間だけでなく音楽会や合唱コンクール、学級活動などでも重宝する。多くの小中学校において私費で一律に購入されている。サイズや内容にもよるが、８００円程度のものが主流だ。

図画工作科・美術科

＊バッグがりっぱな水彩絵の具セット 小1〜

絵の具12色、筆洗バケツ、パレット、太筆・細筆、さらに筆ケースや雑巾などが入って、全部で３５００円ほどもするセット。収納バッグが凝った造りになっていて、じつはこのバッグがもっとも高い（８００〜１７００円程度）。バラでも買えるはずだが、それを選ぶ保護者はあまりいない。

＊中学生はポスターカラーやアクリルガッシュ 中学

中学校の美術では、ポスターカラー（２０００円程度）やアクリルガッシュ（２０００円程度）が必要となる。こうした絵の具のみを保護者に購入させ、パレットやバケツ、筆などは公費で買って、美術室で管理する。または、小学校で使っていた水彩セットを継続して使わせることも多い。

＊教員しだいでメニューが決まる各種実習セット　中学

版画セット（300円程度）、篆刻セット（400円程度）、粘土セット（300円程度）、絵画セット（100円）などの実習素材のセットを、単元に応じて一律に買わせるのだが、どの実習に重きをおくかは担当教員しだいだ。これらの費用を「美術実習費」など大づかみな名目で徴収している場合、公費でまかなうべきはずの紙やインクなども私費となるおそれがある。彫刻刀やヤスリは公費か私費かなど、学校によって判断がゆれている。

彫刻刀セット
1000円くらい〜

水彩絵の具セット
バッグ付きで3500円程度

小学校では家庭科が5・6年生にあり、週2時間弱。技術分野はない。中学校では技術・家庭として、あわせて週2時間。中学3年生ではあわせて週1時間。少ない授業時数に比して、とくに技術科の実習材料費は高額である。市販のキット教材がよく活用されている。

＊卒業後も使えるモノNO・1？——裁縫セット　小5〜

標準セット（針や糸、糸通し、糸切りバサミ、チャコペン、メジャー、裁ちバサミなど）で300円程度するが（前ページ上の写真）、このほかにオプション品も斡旋される。たとえば、裁ちバサミのソフトグリップタイプなどは別売で1000円程度。調理実習では、さすがに包丁やフライパンなどの調理道具セットを買わせることはないが、裁縫はなぜか、裁縫道具セットを個々に斡旋購入させることが普通となっている。

＊ミシン縫いの作製キットはよりどりみどり 小5～ 中学

ミシンを使った学習では、エプロンやナップサックなど、布や型紙ほかのすべてが入った至れり尽くせりの作製キットを購入することが多い。キャラクター付きやブランドものなどは少し値段が上がり、子どもが自分の好みで選ぶことができる。

中学校では、もう少し複雑な布製品を作る。ファイルカバーや箸ケース、エコバッグなど、キットで購入すると各800円程度だ。しかし、布だけを購入すれば、ひとり500円程度となる。この場合、糸やボタンなどは公費で用意する。

＊DIYから栽培、プログラミングまで——技術科実習キット 中学

技術科には「材料と加工の技術」「生物育成の技術」「エネルギー変換の技術」「情報の技術」という4領域があり、ここでは各領域で代表的な私費負担教材をあげる。どの教材を選ぶかは美術と同様、担当教員しだいだ。

「材料と加工」では、木工用のキットが代表的。たとえば本棚づくりでは、適度な大きさに切

断済みの木材、釘、ワークシート、作り方の説明書などが入って2500円程度。キットを使わずに作る場合、費用は板代のみを私費とすることが多い。また、金属を加工してつくるキーホルダーのキット（500円程度）なども販売されている。

「生物育成」では、水耕栽培や土耕栽培キットがよく購入される。各600円程度。キノコ栽培キットになると1000円くらい。

「エネルギー変換」は、さらに高額となる。たとえば、ダイナモラジオが3500〜4000円程度。ソーラー充電装置が2500円程度。テーブルタップが800円程度。「情報」も高額だ。プログラムしたとおりに走る車が3500円程度。光とメロディをプログラムできる時計が3000円程度。教員によってはロボットをつくらせることもある（2000円くらいから）。

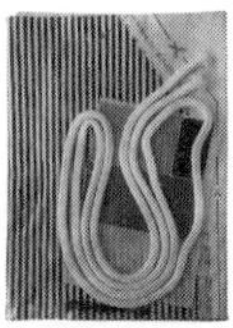

エプロン作製
キット
900円程度

技術科実習
木工キット
2000円程度

体育科（中学）

中学校の体育では「武道」として、柔道・剣道・相撲からひとつを選択して学ぶことが必須となっている。柔道着、剣道の防具や竹刀、相撲のまわしなどが必要となるが、このうち柔道着と竹刀は私費で買わせることが多い。相撲の実施校は多くないが、短パンの上に着けるまわしが必要となる。

武道の授業は年に7時間ほど。衛生面・費用面・効果面など総合的に判断して、どうするかを考える必要がある。

柔道着
3500円程度

竹刀
2000円程度

まわし
4000円程度

外国語科
（英語）

小学校では２００８年度から外国語活動が導入され、２０２０年度より５・６年生で正式な教科として完全実施される。すでに先行実施もされていることから、副読本などの教材を文部科学省が無償給付しているが、今後、小学校でも、他の教科同様に、ワークやドリルが生まれることが予想される。

＊増えつづける英語教材 中1〜3

中学英語にはワークやドリル、テストなどが豊富にあるが、そのほかの教材も多い。ＣＤ付きのリスニング問題集のほか、ライティング、リーディング、スピーキング教材まであり、どれも価格は４００円程度。さらには、英習字的なペンマンシップという教材や、発音と綴りの法則を知るフォニックス教材もある。これらは学年で一律に購入させるケースが多い。

２０１８年度から小学校で、翌年度からは中学校でも「特別の教科」として実施されている。教科化によって、無償配布の検定教科書ができた。

これまでは、埼玉県の「彩の国の道徳」など、自治体独自の道徳教材が税金を用いて作成・無償配付されてきたため、私費負担の補助教材は他教科と比べてまだ少ない。しかし、これからは学習の評価をおこなう必要が出てくるため、ワークブックやワークシートのような補助教材を私費負担で購入させることも起こりうるだろう。

多くの小学校では夏休みの宿題に専用ワークを購入し、答え合わせまでさせて提出させたりしている。５教科分が分冊で用意されているワークや、漢字と計算の合本ワークなど、さまざまなものがあり、価格は問題の量に比例する。もちろん、冬休みワークもある。

歴史

公費保障の試みと挫折

教科書代の工面から、補助教材費の捻出へ

戦前・戦中の瀬戸内の村を舞台に、ある小学校教師と教え子たちとの交流を描いた小説『二十四の瞳』（壺井栄）には、学校に通うために必要なものをそろえるのが困難な子どもの様子も描かれている。担任の先生は唱歌の時間に使う音楽帳をいつも持ってこない子に、忘れ物をただす。するとその男の子は、「歌をなろうても、銭もうけのたしにはならん」という理由で親に買ってもらえないと、泣きそうな表情を見せるのだ。

また、女の子はたとえ成績が優秀でも、小学校を卒業後に進学することはなかなか難しかった。とりわけ弟や妹がいると、進学を諦めて家業や家事に従事することを強いられる。「今度はわたしが飯炊き番」なのだ。当時の子どもは家庭にとって貴重な労働力であった。

学校に通うにはお金がかかる。戦後、日本国憲法に義務教育の無償性が謳われても、教科書をはじめ、教材や本が基本的に私費負担であることは変わらなかった。1950年代の山形の子どもたちの作文集『山び

映画「山びこ学校」(1952年)で
描かれた、働く子どもの姿

こ学校』(無着成恭編)には、教科書代や紙代などのお金を預けてくれるよう、親にたびたび頼まなければならない子どもの苦悩が綴られている。「ほんて(本当に)学校で集める銭は大きい」、そしてこのお金が支払えなくなったら学校に行けなくなると、子どもは不安とともに申し訳なさを感じていた。

戦中、政府は、物資不足のなかで安定的に教科書を供給する必要があった。検定教科書を発行していた既存の「教科書会社」を統合して、新たな教科書会社が複数、立ち上がった。戦中の「教材」としては、まさに教科書が「主たる」ものであり、補助教材やその他の教材に優先して、教科書の確保が重視されたといえる。

一方、教科書以外の学校教材や個人持ち教材(ドリル・ワークやセット教材など)を販売する新たな「教材会社」が多く立ち上がってくるのは1950年前後であり、「教材」の多様化・拡充の歴史はここから始まる。たとえば、1950年に設立された日本標準株式会社は、同年に標準テスト(小学校4教科)を発売し、いわゆる「業者テスト」がこのころから学校に定着していく先駆けとなっている。また、中学3年生が使用することで有名な『新研究』シリーズを発売している新学社が創立したのは1957年である。一方、現在でも理科・生活科や図画工作のセット教材や教具をおもに販売している株式会社はくぶんが設立されたのは1955年である。

このあと教材会社は急増していくのだが、しだいに学校の教育活動は多数の教材に囲まれたものとなっていく。入学時の購入物は増え、業者テストと補助教材がまるで主役かのような授業風景も生まれた。ちなみに、「受験戦争」「入試地獄」といった言葉は1960年代後半から登場する。こうした授業風景を支えるように、個人持ち教材のための保護者負担額が同時並行でふくれあがっていくのである。

教材費公費保障の試みと挫折

学校で使う教科書以外の「教材」には、前節でみたように、ドリル・ワークなどの補助教材（副教材）や、鍵盤ハーモニカや絵の具セットなどの個人持ち教具、算数セットなど学習内容の理解を助ける教材、顕微鏡や大きなコンパスなど学校に備えつけられる教具・設備がある。これらは総称して「教材」と呼ばれてきたが、このなかで、戦後、教科書より先に公費負担とされたのが、学校備えつけの教具・設備であった。

1952年、義務教育費国庫負担法が制定される。義務教育を担う教職員の給与の2分の1（現在は3分の1）について国が負担することを定めたこの法律には、教育活動に必要な学校の備品や教材のための予算の一部を国から学校へと配布する規定も含まれていた。占領下で戦後復興もままならないこの時期、学校という建物があって教師がいても、それだけで学校教育は実施できない。黒板に掲げる社会科の掛図であったり、理科の実験用具であったり、体育館の跳び箱であったり、それ以前に子どもたちが使うイスや机、黒板そのものがなくてはならない。これら学校現場で購入するものについて国が負担しようとしたのが、この法律である。

しかし、実際には費用負担できる範囲が十分ではなかったために、公の予算でまかなえない教材については、当時文部省・連合国軍などによって導入が推奨されていた各PTAが費用負担することも少なくなかった。戦後すぐに制度が整えられた検定教科書についても、戦前と同様に保護者が費用負担することとなったので、それ以外の教材も教科書に準じて、保護者あるいはPTAの負担はやむをえないとの考えがあったのだろう。しかし、こうしたPTAの「後援会化」は当時から問題視され、1950年代後半には日本教職員組合が提起した学校白書運動（学校予算や政府・自治体の財政分析を白書にまとめる運動）が全国的に展開し、その総数は3万以上に上った。運動のなかで強く指摘された税外負担行為、すなわち、PTAによる学校の教職員給与や施設・設備整備のための「半強制的な寄付行為」は60年には地方財政法の改正により、基本的に禁止されていくことになる。

同じ時期、自治体レベルで、私費負担軽減や就学援助拡大を訴える運動が、教職員や父母、市民団体や教育関連団体の主導で展開していく。こうした全国各地の運動

地方財政法

（割当的寄附金等の禁止）

第4条の5　国（国の地方行政機関及び裁判所法（昭和22年法律第59号）第2条に規定する下級裁判所を含む。）は地方公共団体又はその住民に対し、地方公共団体は他の地方公共団体又は住民に対し、直接であると間接であるとを問わず、寄附金（これに相当する物品等を含む。）を割り当てて強制的に徴収（これに相当する行為を含む。）するようなことをしてはならない。

（市町村が住民にその負担を転嫁してはならない経費）

第27条の4　市町村は、法令の規定に基づき当該市町村の負担に属するものとされている経費で政令で定めるものについて、住民に対し、直接であると間接であるとを問わず、その負担を転嫁してはならない。

地方財政法施行令（昭和23年政令第267号）

（市町村が住民にその負担を転嫁してはならない経費）

第52条　法第27条の4に規定する経費で政令で定めるものは、次に掲げるものとする。

1　市町村の職員の給与に要する経費
2　市町村立の小学校及び中学校の建物の維持及び修繕に要する経費

は、東京都や名古屋市、岡山市、府中市などにおいては、学校運営費標準制度（私費負担として定めるもの以外のすべてを公費負担とする制度）、あるいは税外負担禁止条例や公費私費負担区分基準の制定・確立に結実していくこととなった。しかし他方で、こうした標準・基準を定めたとしても、財政的な保障がともなわないと、いちど公費からもれた教材や新たな費目についてはむしろ、私費負担の固定化を招くことになってしまう。言いかえると、ある自治体では、私費負担の正当化という方策により問題解消がめざされたのだともいえる。「ワークは私費負担と基準に書いてある。だからワークを私費負担とすることは問題ではない」ということだ。

こうした動向の背景には、「個人持ち教材や個人に利益が還元するものは保護者負担で当然」という、いわゆる受益者負担論が学校教育でも唱えられることになったことがある。

たとえば、1967年に大幅に制度変更された義務教育費国庫負担法では、国の負担する教材の範囲が、教師の使用するものや学校に備えつけられるような耐用年数が長いもの、すなわち「大型」教材のみにかぎられ、子どもの個人持ち教材は除外された。また、71年には中央教育審議会の答申「今後における学校教育の総合的な拡充整備のための基本的施策について」で、受益者負担を前提とした教育改革案が示されるとともに、74年には都道府県教育長協議会（第4部会）が、個人持ち教材や個人に還元する教材については私費負担とする負担区分を定式化した（報告書「学校教育にかかる公費負担の適正化について」）。すると、それが各教育委員会で採用されていく一般的方針となる。すなわち、子どもが所有するものと、教育活動の成果として教材そのものやそれから生じる利益が「児童、生徒個人に還元されるもの」については、私費負担、という考え方が、70年代に地方教育行政当局のコンセンサスとなったのである。

受益者負担を当時支えていたのは、「学校がすることなんだから、間違いないはずだ」という保護者の素朴な思いであり、当時はまだ効力をもっていた「教師の権威性」であったかもしれない。それゆえ、年間を通してほとんど使わなかった教材があったとしても、教師が「みんな同じ教材を」といえば、それを買うための私費負担も当然とする風潮が生まれていったのである。

報告書
「学校教育にかかる公費負担の
適正化について」
公費負担とすべき経費
学級、学年、学校単位で共用または備え付けとするものの経費
その他管理、指導のために要する経費
私費負担とすべき経費
児童・生徒個人の所有物にかかる経費で、
第一に学校、家庭のいずれにおいても使用できるもの、
第二に学級、学年特定の集団の全員が個人用の教材・教具として使用するもの（教科書以外の個人用図書、ノート、文房具、補助教材、学習用具など）
教育活動の結果として、その教材・教具そのもの、またはそれから生ずる直接的利益が児童・生徒個人に還元されるものにかかる経費──学習教材、校外施設学習の食費、遠足・修学旅行費等

消えた教材整備費用

1985年を境に、半額が国負担とされていた学校教材にかかわる費用は、その様相をがらりと変えることになる。法律の規定が削除されたのである。「増税なき財政再建」をめざした政府の行政改革の一環で、支出削減策として教材費が対象とされた。これにより教材整備の費用は、国による補助金ではなく地方交付税交付金で渡されることになった。つまり、国

は教材費を算出して交付金として地方自治体に渡すが、各自治体は教材費以外にそのお金を使ってもよくなったのである。当然のごとく、自治体から学校に渡される教材費という名目の公費は急減していく（下図参照）。個人持ち教材の保護者負担はもちろん、学校備えつけの教材すら買いかえる費用が足りなくなり、耐用年数を過ぎた教材や、壊れて使えない教材が理科室や体育倉庫などでほこりをかぶることとなった。

地方財政法で禁止されているはずの、PTAによる学校教材の購入補助が、現在も暗黙のうちにおこなわれているのは、こうした政策によるところが大きい。国は公財政支出の削減と地方判断の尊重という名のもとに制度を変更し、地方自治体は教材費として受けとった交付金を他の公共事業に流用する。そのことで保護者は、わが子の個人持ち教材購入費を支出し、さらには、学校備えつけ教材購入費の補助に支出されるPTA会費として、二重の負担を強いられるのだ。

教材費の地方自治体における措置率

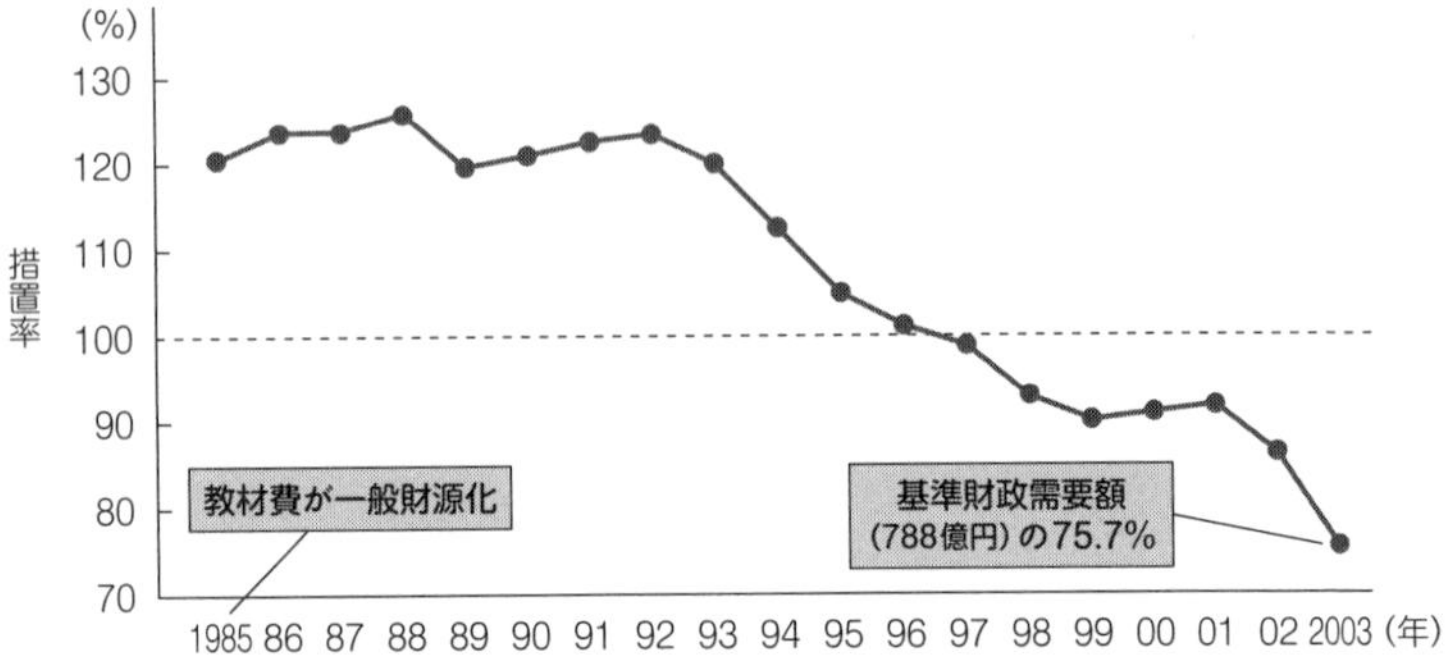

※グラフは、教材費として自治体に渡される地方交付税交付金に対して、実際に教材に使われた金額の比率（措置率）を表す。100%超は、地方自治体が交付金に上乗せして教材費を支出。100%未満は、他の用途への流用である。

文部科学省「費用負担関連資料」(2005年発表) より作成

予算をめぐるこのような動きのなかで、アサガオやミニトマト栽培、磁石や電気を使った実験用教材、書道、画材、彫刻刀、裁縫などのセットもの教材や、ドリル・ワーク・テスト・資料集などの補助教材は急増していった。しかしそこでは、「セット教材のなかで、じつはそれほど必要ないものはあるか」や、「ドリルなどをその順番どおりおこなうことが、子どもたちの理解を助けることになるのか」について、教師が自律的に考えていく要素がそぎ落とされていくこととなった。

同時に、学校との契約という点では多数の教材会社が自由競争をおこなうわけではなく、少数の教材会社の提供品から教師が選定するため、教材の質や価格をめぐる市場的な改善活動も機能しにくかったのである。

理念

教材費無償 VS 受益者負担

教材費の無償はどこまでか

何度も述べてきたように、教育活動は、教員と子どもたちさえいればおこなえるものではない。学びを支える教材が必要だ。無償の範囲を授業料に限定する考えは、国際的にはスタンダードではないともいわれる。そして、それが教育活動に本当に必要なものならば無償の対象とすべきであるし、必要のないものであれば、一律・強制的にお金を集金したり各自購入させたりすることを見直す必要がある。実際、日本国憲法26条の掲げた「公教育の無償性」原則の下、真っ先に無償化の検討対象となったのが、教員給与などの授業料であり、教科書をはじめとする教材であった。

各学校でどのような教育活動をおこなうかは、文部科学省による学習指導要領に定められている。学習指導要領は、法律ではなく、省令でもなく、「告示」という官報に掲載された文書という形式であるが、文科省は1950年代後半より、これには「法的拘束力」があり、教師はこれを守って授業を構成しなければならないと主張してきた。逆に言えば、学習指導要領に示されている教育活動をおこなうにあたって必要なものは、少なくとも「教育活動に本当に必要なもの」にあたるはずである。

教科書は、文部科学大臣による検定を経たものだけが学校で使われるが、教科書検定には、学習指導要領との一致が重要な視点として挙げられている。すなわち、教科書は、「教科の主たる教材」（教科書の発行に関する臨時措置法2条）と法的に位置づけられており、基本的に教科書にそって授業を展開することで学習指導要領に示された教育活動を実現することができ、しかも、教師には教科書使用義務が課せられている（学校教育法34条）。

こう考えると、1963年に全国すべての小中学校で教科書を無償で国が配布する法律が制定されたことは、ごく当然のことであったといえる。教科書は、学習指導要領にもとづく教育活動をおこなうにあたって「本当に必要なもの」という位置づけであり、それゆえに国が費用負担して無償で配布されるのだ。

もちろん憲法には「義務教育はこれを無償とする」と掲げられている。これを義務教育を修了するのに必要なものすべてを無償とすると解釈したとしても、上で述べたように「教育活動における必要性」という尺度によって、無償とすべきか否かは一つひとつ異なってくると考えられる。このときみるべき視点として、二つ挙げられるだろう。一つに「教育活動としての性質」、もう一つに「その教材の使用法と必要の程度」である。

> **教科書の発行に関する臨時措置法**
> **第2条**　この法律において「教科書」とは、小学校、中学校、義務教育学校、高等学校、中等教育学校及びこれらに準ずる学校において、教育課程の構成に応じて組織排列された教科の主たる教材として、教授の用に供せられる児童又は生徒用図書であつて、文部科学大臣の検定を経たもの又は文部科学省が著作の名義を有するものをいう。
>
> **学校教育法**
> **第34条**　小学校においては、文部科学大臣の検定を経た教科用図書又は文部科学省が著作の名義を有する教科用図書を使用しなければならない。
>
> **義務教育諸学校の教科用図書の無償措置に関する法律**
> **第3条**　国は、毎年度、義務教育諸学校の児童及び生徒が各学年の課程において使用する教科用図書で第13条、第14条及び第16条の規定により採択されたものを購入し、義務教育諸学校の設置者に無償で給付するものとする。

その教材は保護者に買わせるべきものか

一つめとして、教育活動としての性質であるが、学習指導要領上、教育活動は、「各教科〈国語・社会・算数・理科・生活・音楽・図画工作・家庭・体育〉」「特別の教科　道徳」「外国語活動」「総合的な学習の時間」「特別活動」といった領域に分けられている（小学校の場合）。教科ごとに授業時数も指定されている。学習内容について細かく指定されている教科教材は、優先的に公費で確保するべきだ。

文科省は2011年に「教材整備指針」を示し、学習指導要領に示された教育活動を実現するために学校に備えられるべき教材に関して、指導助言としての指針を提示している。前述の考え方に立てば、この「教材整備指針」に示された教材について、公費でなくPTAや保護者による寄付でまかなうのは問題といえるだろう。

ところで、学校で実際におこなわれている教育活動は、学習指導要領に示されている活動よりもかなり広く、学校が主体となっておこなうべきものか、いささか疑問に感じるものも少なくない。たとえば、典型的によく言われるのは部活動や宿泊行事であるが、それは別の章で取り上げる。

二つめの視点は、その教材を実際にどのように授業のなかで用いるか、その方法と頻度である。クラス全員、しかも一人ひとりがひんぱんに使うものであれば必要度合いは高まるが、一人ずつ所持しなくてもよく、班ごとなどで用いれば足りるものを個人負担させるのはおかしい、ということになる。たとえば、社会科や理科の資料集は授業のなかでそれほど頻繁に開くものでないならば、班に1冊ずつ配布すれば問題ないかもしれない。そうであれば公費で購入し、使うときだけ出してくる、ということでよい。

ちなみに第1節「実態」編で、ドリルがおもに家庭学習用、すなわち宿題用として用いられている傾向が指摘されていた。ドリル学習の教育的意義はさておき、それが実質的に家庭で使うものとされているならば、少し疑問に思う必要がある。つきつめれば「子どもが放課後に家庭で何をするか」

「保護者が子どもの放課後の時間のために何を買い与えるか」はその家庭の自由であり、学校が介入する余地は多くない。それを、学校で使うかのようなかたちで一律に購入をうながし、実質的にそのドリル学習の実施を家庭まかせにするならば、学校の無遠慮さと無責任さを感じざるをえない。

このように、教師がどのような授業の仕方をするかにより、私費負担やむなしのラインは変わってくるだろう。想定しにくい例だが、「顕微鏡は1台ずつ自分のものをもつべき」と考える理科の教師がいて、私費負担で購入してもらうと言われたときには、金額の問題のみならず、本当にその必要があるのかをこそ問いただしていかなければならない。

教材費の私費負担は最小限に

授業のなかで本当に必要性があって、ひんぱんに個人で使うものであれば私費負担にすることもありえるが、それでも負担は極力、最小限にしなくてはならない。

あまり一般には知られていないが、教科書以外の教材を授業で用いる場合、学校は、教育委員会へ事前に届け出たり、承認を得たりする必要がある（地方教育行政の組織及び運営に関する法律33条2項）。ドリルやワーク、資料集などを保護者に一律購入してもらうとき、学校は教育委員会に届け出ているのである。この仕組みは、教材が学習指導要領に一致しているか、子どもの心身の発達に応じているか、多様なものの見方を促進させるものか、などをチェックするためのものであるが、もうひとつ重要な視点として、「補助教材の購入に関して保護者等に経済的負担が生じる場合は、その負担が過重なものとならないよう留意すること」と文科省は述べている（文部科学省初等中等教育局長通知「学校における補助教材の適正な取扱いについて（通知）」2015年3月4日）。

つまり、補助教材を用いる自由が教師にはあるが、それが必要だからといって、無制限に保護者に費用負担を転嫁してはいけないのだ。さらに注意すべきこととして、教委へ届けが出されるのは、私費負担される教材全体のほんの一部にすぎないということだ。実際に届け出られているのはワークのような副読本だけである。しかし、通知の趣旨をふまえれば、副読本以外のあらゆる私費負担の教材についても、負担は最小限に抑える努力がなされるべきである。

「授業で使いますから」というひと言で、その教材が本当に必要なもので、実際に活用できるのかの検証を免除することはできない。「公費で購入するからよいではないか」ということでもない。教育活動の計画を立てるときには、同時に、その教育活動にはどんなものがなぜ必要で、それをそろえるのにどれだけの費用がかかるのか、それはだれが負担するのか、といった計画も立てておく必要がある。そして、保護者に負担を求める場合にも、年間を通してどれだけの負担を課しているのかを、学校（教員）は自覚しておく必要があるだろう。子どもたちを育てるため、よい授業を生みだすために教材は不可欠であるが、慣例的で検証のなされない支出に目を閉じてはいけないのだ。

地方教育行政の組織及び運営に関する法律

第33条　2　前項の場合において、教育委員会は、学校における教科書以外の教材の使用について、あらかじめ、教育委員会に届け出させ、又は教育委員会の承認を受けさせることとする定を設けるものとする。

対策

「個人持ち」の必要性を見直す

学校が編成する教育課程は文部科学省が告示した学習指導要領を基準としており、教育委員会が認めているものであるから、教育課程に必要な教材はすべて公費で用意するべきである――これが大前提だ。しかし、現状との乖離は大きい。現状を改善していくために何ができるか、具体的な対策と対案を考えていこう。

教材購入の仕組み

まず、補助教材類が、どのようにして学校に納入されるかを簡単に記しておく。

補助教材や副読本は、教材会社（メーカー）↓販売業者（代理店）↓学校、という流れで納入される。販売業者は、学校からみれば問屋であり、地域ごとに存在している。

各教材会社は販売業者と、各地域における独占委託販売の契約を結んでいる。つまり、学校は、教材会社Aの品を買うには販売業者Xからのみ購入し、教材会社Bの品を買うには販売業者Yからのみ購入することになる。そして、教材会社それぞれが、ドリルやワークや実験キットなど多品目の教材を作成し、大部のカタログに掲載して発売している。

そのため、「教科書準拠のワーク」とだけ決めた場合には、A・B・Cとあるなかから教材を選べるが、「A社の教科書準拠ワーク」と指定した場合には、それを扱っている販売業者は一社独占ということになる。

また、価格についても、あまり競争はない。とくにドリルやワーク、資料集などは、一般の出版物同様に「定価」販売が原則であり、同じ品物の価格が販売業者によって異なることはない。そもそも同じ品物を他業者が扱うことはない。セット教材をふくめ、「学校納入価格」というものが定められている。

同じモノが私費負担になる学校、公費購入になる学校

先に、県の書きぞめ大会用の材料費について、わたしの勤務校では公費でまかなっていると書いた(63ページ)。同じ補助教材を購入しても、学校によって、公費で買うか私費で買わせるかの違いが、なぜ生まれるのか。これは、自治体の予算(教育予算)が多いか少ないかと、もうひとつには、予算の執行理念(設置者負担主義・受益者負担主義)によるところが大きい。

自治体の予算については、たとえば、地方交付税交付金がゼロである東京都23区では、義務教育に必要な運営費の標準額を算出しており、必要な費用が根拠にもとづいて予算化され、ほかの自治体と

比べて学校現場にも公費の配当が多い。これに対し、多くの自治体はかぎられたパイを等分や規模分などで調整し、配当している。公費の配当が多ければ（増えれば）、学校は補助教材を公費で購入することも可能である。

予算の執行理念については、教育委員会によって異なるが、多くの自治体が受益者負担主義の考え方にたって負担区分を設定している。つまり、ワークやドリルなど個人的に所有するものは、授業で使うものであっても私費負担とする考え方である。公費の配当が多い自治体でも、このような執行理念により私費負担とせざるをえない費目もあるという。

逆に、設置者負担主義にもとづいた負担区分を設定し、自治体の努力で私費を減らそうという取組みもある。福岡県古賀市では、「保護者費用負担軽減と物を大切にする心を養うことを目的とし、様々な保護者費用負担軽減事業」が実施されている。たとえば、標準服のリユース事業（不用になった標準服を預かり、必要な人へ譲り渡す）、机の中に入れる引き出しのリユース（卒業生の引き出しを新1年生の引き出しとして再利用し、不足や破損分は公費で購入する）に取り組み、算数セットの一部や防犯ブザーも公費で購入しているそうだ。また、滋賀県高島市では、市長と教育委員会で構成される総合教育会議において、「高島市立学校における保護者の経済的な負担軽減の取り組みについて」が話し合われている。そこでは、ワークやドリルなどを教育委員会が作成し、そのデータを各校で共有することができるように検討を進めたいという報告や、ランドセルの使用についての話し合いがあったという。２０１６年度のことである。

道具セットの個人持ちを見直す

このように自治体レベルでの執行理念や公費予算額の差はあるのだが、学校の現場レベルで、教職員や保護者が取り組めることもある。

まず、斡旋購入させて個人持ちとなることが多い道具セット（算数セット、書道セット、絵の具セット、裁縫セット）である。たとえば、算数セットの購入方法には3パターンある。①私費でセット購入させて、個人持ちにする。②学校で買って、貸し出す。③セットで買わずに、使用頻度が高いものだけをバラで買わせる。このうち、①が長く慣習となってきたが、②がないわけでもなく、最近では③も増えている。現状、セットで買わせても、すべてをまんべんなく使わせているわけではない。時計やブロックなど、管理しやすく耐久性もあるものは公費で購入し、学校で管理していくという選択肢を選ぶことも必要になってくるだろう。

書道セットや絵の具セットでも同じことがいえる。授業が終わるたびにセット箱を持ち帰り、家で筆などを洗い、また荷物にして登校する意味はあるだろうか。学校で子どもたちや教員が管理すれば、保護者の負担は軽減されるだろう。私費負担を減らすには、学校で筆を人数分買うしかない。中学校では、筆やパレットなどは美術室で管理することも多い。それは裁縫セットにもいえ、使う頻度が高い道具を学校に備えつけておけばことが足り、なおかつ忘れ物もなくなるはずだ。

検討すべきは、私費負担しているモノの使用頻度、リユース状況、管理方法だろう。この部分は、保護者がイニシアティブをとって取り組むには限界もあるが、「算数セットを買わなくなった」「絵の

私費による教材セット購入の見直し

A—真に必要なモノだけバラで購入（算数セットの例）

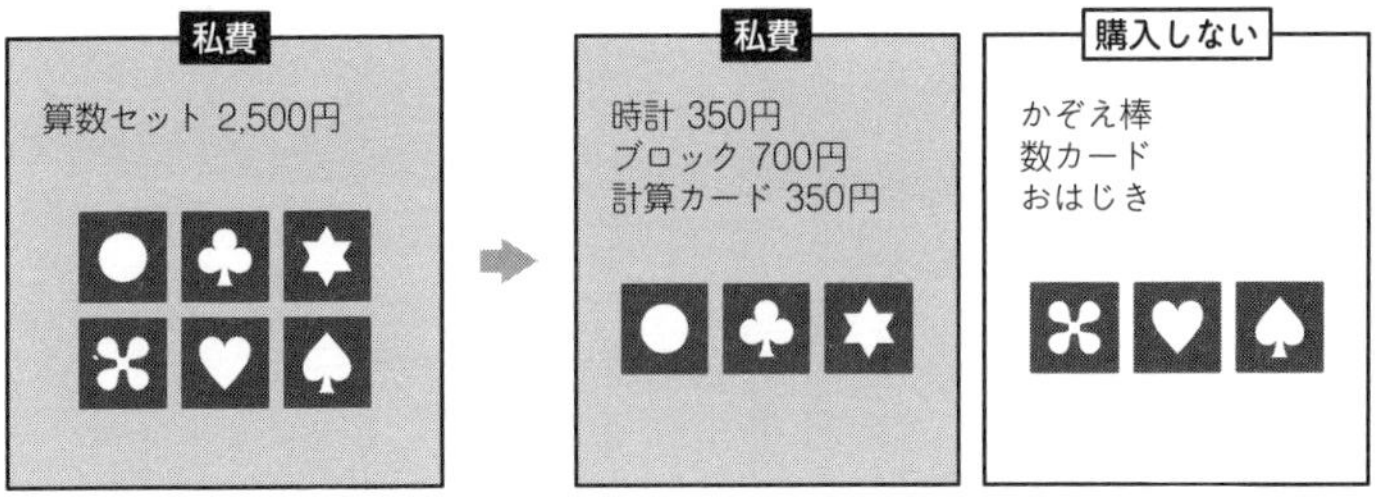

B—公費購入と私費購入に仕分ける（書道セットの例）

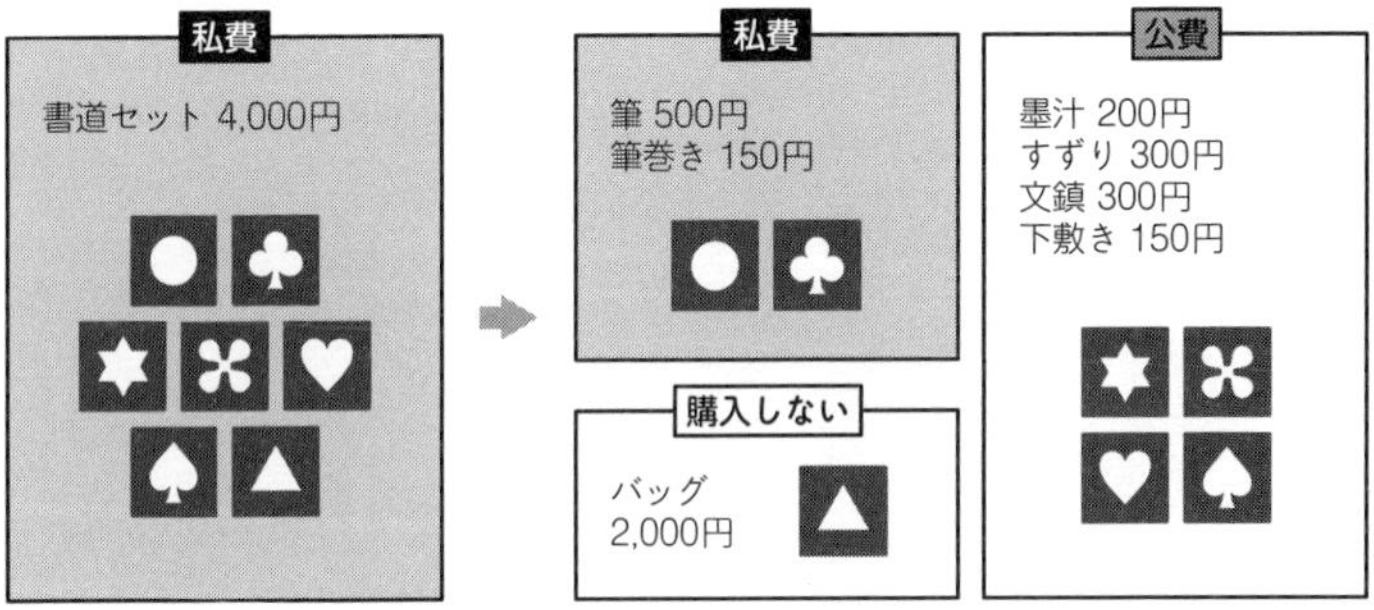

C—各品目にバラして公費で購入する（栽培セットの例）

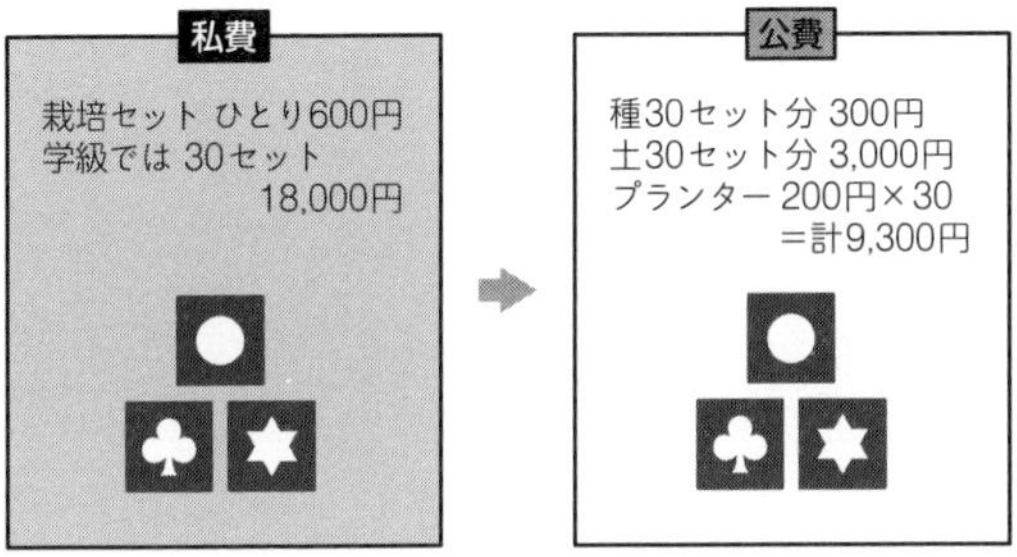

具セットは貸し出しに変わった」などの先進的・模範的な取り組みを耳にしたら、ぜひ保護者会や学校行事、ＰＴＡのイベントなどで広めてほしい。それが他校にも伝わっていけば、保護者同士の情報伝達が機能して、先進事例として広がっていく。このような行動が学校を変えていく第一歩となるだろう。

また、算数セットや辞書を教育委員会が入学・卒業祝いに贈る取り組みはすでにある。算数セットでなく裁縫セットなら、家庭での使用価値も高いだろうし、お祝いにどうだろうか。入学・卒業祝いで何かモノが贈呈されている場合、あまり使わないものよりは使用頻度の高いものを保護者として提案していくことを考えてみるとよい。

リユースと管理を考える

公費で購入し、リユース（再利用・使いまわし）をするためには、そのための管理をしていくことが大前提となる。この場合のメリットとデメリットを整理しておこう。

メリットは保護者と子どもにある。お金を負担する必要がなくなり、子どもが登下校で持ち運ばなくてもよくなり、家庭での管理やメンテナンスが必要なくなる。デメリットは、学校の費用と管理負担が増えることだ。筆が大好きで何十本洗っても気分がよいという教員は少ないはずだが、低学年の子どもが洗っただけでは十分ではなく、どうしてもメンテナンスの必要がある。また、算数セットでいえば、「〇〇小・教材」などの記名は必要になるし、授業が終わったあとに数を数えるなどの管理も必要に思われる。

こうした課題は学校ごとに解決していく必要がある。たとえば、協力できる保護者に力を貸してもらうことも考えられるだろう。負担増のために、公費で購入することをはばかっているようでは本末転倒である。必要最低限の管理はするとして、「消耗品」とわりきってしまうことを考えてもよい。

学校による管理がしやすいものに、辞書や資料集がある。これらは道具セットについで高額であり、登下校で持ち運ぶにも重い。そのため、書きこみやマーカー引きをさせる辞典以外は、公費で購入して図書館に保管する方法をとるべきだろう。もちろん、学習指導要領にも辞書の使い方を理解させる指導が書かれており、家庭に辞書があることの意義はある。しかし、小学校での使用頻度と持ち運びの不便さ、費用をふまえて総合的に考えれば、インターネットが普及している現代でその意義は相対的に低くなるだろう。

資料集については一人ひとり買わせなくても、別に用意した資料を大型モニターに映すような方法を取り入れることもできる。わたしの勤務校では、教員がそうした資料提示の工夫をすることで、資料集を個人購入させていない。子どもたちがつねに顔を上げて授業を聞くようになったという相乗効果も得られているそうだ。

「実態」編で紹介したように、国語科・社会科・理科などの資料集はたくさんつくられているため、すべて購入すると、それなりの金額に積み上がる。教える内容は同じでも、方法の工夫によって、私費を減らすことができる。また、中学の美術科で使うレタリング資料集などは美術室で管理し、家でやりたい人だけ買えるよう、推奨資料集の紹介にとどめるべきだろう。

高額な実習キットを見直す

指導方法による変化の可能性を考えてみよう。これは実習キットを例にするとわかりやすく、対策・対案も考えやすい。木工キットやダイナモラジオキット、栽培キット、版画キット、ナップサック作製キットなどがあることは前述したとおりだ。実習キットの種類は多く、価格もワークやドリルなどと比べて高額である。

たとえば、技術科（71ページ）でみてみよう。木工キットは「適度な大きさに切断済みの木材、釘、ワークシート、作り方の説明書などが入って2500円程度」。かつてはキットなどなかったし、ふたたび、一枚板からものをつくる授業を計画する教員も増えてきている。この場合、材木店からより安く材料を手に入れられる。栽培キットだってそうだ。土とタネとプランターを別々に買えばよく、そのほうが安い。また、ひとり1鉢でなく、グループで育ててもよいのではないだろうか。

エネルギー変換を学ぶラジオは、ダイナモラジオ（3500〜4000円）でなくてもよいのだ。電池式ラジオのほうが1000円くらい安く、制作過程と制作物は違うが、学ばせる基本構造は同じである。さらにいえば、ラジオでなくてもエネルギー変換の授業はできる。その単元のねらいが達成できることが先にあり、補助教材を使うことはあくまで手段である。慣習を疑うことも必要だ。

そのためには、現状を知ることから始めよう。どんな補助教材を、どんなねらいで使用しているのか確認してみよう。子どもに「どんな授業だった？」と聞くだけでも理解できることは多い。まずは興味をもって学校をみていく、すると意外な補助教材の使われ方やお金の扱い、動きがみえてくるだろう。その後、補助教材の妥当性（セットであるべきか否かなど）を考えてみたり、費用負担のあり方を考えてみたりするとよいだろう。

流用予算を本来の教育費に

このように、「授業で使う＝私費で買わせる」という等号は見直していくべきで、まずは、公費で買えるかどうかを検討することが必要である。そして、それは事務職員の腕にかかっているといっても過言ではない。だから、保護者の立場からは、公費と私費の扱い（総称して学校財務）に関することは、事務職員へ疑問を投げかけてみることが、改善に向けた一歩となるだろう。事務職員を中心に学校ごとに補助教材の扱いをさまざまに工夫していき、私費としていた補助教材を少しずつ公費に変えていくこともできるのだ。

そのように状況を整理していくと、最終的には「公費が足りない」というそもそもの問題点に到達すると思う。本章で示したように、お金を介した国や自治体と学校との関係などの現状にも話題が広がっていくだろう。

たとえば、体育の武道で使う柔道着などを例示したが、じつは畳や剣道の防具についても、地方交付税交付金の算出基礎として自治体には予算がついている。しかし、一般財源であるため、自治体の政策によって、使途が変わってくるお金なのだ。ほかの補助教材などに関しても、同じような考え方ができる。このように、国などから交付されている財源を自治体レベルで、しっかりと教育予算として予算化させる取り組みも必要になってくるだろう。

第3章

学校のモノとお金

だれが消耗品を用意するのか

学校には多種多様な消耗品がある。たとえば、文房具、プリンターのトナー、ファイル、雑巾、ティッシュ、ビニール袋などが代表的だ。ほかに、ガス代・電気代・灯油代・水道代も消耗品の一種と考えられる。さらに、外注費用としてカーテンクリーニング代や包丁研ぎ代などもある。

紙も、学校で多く使われる消耗品だ。学校だよりや学級だよりを印刷するためのコピー用紙、図画や掲示物のための画用紙などが日常的に使われる。通知表や卒業証書なども紙製品だ。冊子として製本された紙類として、生徒手帳や学校ガイド、シラバスなども入る。また、補助教材のうち、食材や工作材料といった消耗品についても、この章で検討する。

これらの消耗品を購入するための費用は、理科実験費や学級費などという名目の一律徴収金や、家庭からの現物持参品というかたちで保護者の負担になっていることがある。

実態

家庭からの供出と徴収金が頼り

これまでの章と同様に、どんなモノが、どんな目的で、どのていど学校で使われているのかを明らかにしていく。これらは著者の見聞・調査の範囲内での傾向なので、地域や学校によっては使われていないモノや、紹介した以外で課題を感じているモノも存在するだろう。また別の状況があれば情報を寄せていただけるとありがたい。

まずは「ムチャブリ的な保護者への宿題」を紹介しながら、消耗品をみていこう。保護者なら一度は経験する、「教科書をみて、必要なモノを持ってこさせてください」。序章で示した分類にのっとれば、「所持前提の現物持参品」となるが、必要なモノが身近にない場合は、「購入前提の現物持参品」となるだろう。

図画工作を例にとると、ランプシェードをつくる授業がある。材料として、ＬＥＤライトのような光源部分と基本的なセット（セロファンやアルミ針金、シールなど）を４００円程度で買わせる。シェード本体の部品となるペットボトルは持参させる。このキットに各自のオリジナリティを加える授業であるため、子どもは家に帰ってさまざまな色の毛糸やビニールテープなどを保護者に要求する。その願いをかなえるために保護者は家中を探すのだ。光源だけを200円程度で買わせて、ほかはすべて家庭から持参させている学校もあるが、集金額は少なくても、保護者の負担はさらに増える。

食材・調味料

調理実習の材料は種類が多すぎ、価格も定まりづらい。醤油・みそ・みりん・酒・塩・コショウ・小麦粉・パン粉・かつお節・昆布・煮干し……など、パッと思いつくだけでもこれだけあげられる。

そこで、事前に詳細な指定なく「調理実習費」として一律徴収される場合が多い。また、調味料を現物持参させることもある。醤油15㎖のために1本購入するのは無駄が出るという論理だろうが、15㎖を持参するのもそれなりに苦であろう。そのため、調味料は公費で用意する学校も増えてきている。たとえば、ブリの照り焼きをつくる場合に、ブリだけ調理実習費（私費）で購入し、醤油や酒、みりんなどの調味料は公費で用意するような方法である。

よくある現物持参のムチャブリ

醤油とみりんを15mℓもたせてください

えー、容器どうしよう

煮干しを一人15gずつ持ち寄り

うち、煮干しなんて使わないんだけど

家庭でつくった雑巾と巾着袋を

百均で買うんじゃダメなの？

ビニール袋・ティッシュ・石けん・白米

それ、学校では買えないの？

理科 実験材料

理科では、水溶液の実験のために、紫キャベツやレモンなどを持参させることがある。紫キャベツ液をつくって、その色の変化で酸性・アルカリ性・中性を判断しようという実験だ。しかし、紫キャベツなんてスーパーではなかなか見かけない。カット野菜のセットから紫キャベツをよりわけて学校へ持っていったなんていう例もあるくらいだ。

どこに売っているかもわからない紫キャベツを持参させるより、理科実験費として一律徴収金にしたほうがよほどよいと思うかもしれない。事前に集めたお金で、実験をするために必要なモノを教員がつど買ってくるという方法である。

このパターンは中学校に多い。たとえば、解剖に使うイカや鶏の手羽先などは、前日に教員が買ってくる。教員にとっても保護者にとっても簡便な方法だろう。しかし、水草やメダカの餌といった理科全般で使う消耗品までも、理科実験費を使って購入していることがあるという。このように、一律徴収金を設定することで、公費であるべき教材費がなしくずしに私費負担に流れるきっかけをつくってしまうという問題がある（もちろんイカなども公費であるべき）。

＊

じつは、公費での教材購入は登録された業者からしかできない。そして、イカや手羽先などの生ものを扱っている登録業者は多くない実情がある。学校側としては私費である理科実験費を使って生ものを前日に購入するほうが簡単であるため、私費徴収に流れやすくなる。

用紙と公費・私費

学校で使われる紙も、一律徴収金として私費負担にされる部分が多い。学級だよりは学級の紙（私費）を使い、学校だよりは学校の紙（公費）を使うという分け方となっている学校もあると聞く。「授業プリント」は私費で、「授業参観のお知らせ」は公費となったりもする。これはまだわかりやすい区別だが、部活動や専門委員会（図書委員会や生活委員会など）のように、学年・学級が混在している場合はどうなるのかという疑問もある。区分すること自体の手間も大きく、購入ロットも小さくなり経済的ではない。

製本ものになると私費へ流れる確率が一気に高まる。1冊○○円と価格が定まり、注文数と費用が割りきれるからである。生徒手帳が150〜300円、学校ガイドやシラバスは500円前後だろうか。

「学校ガイド」とは、ひとことで言えば教育課程の説明書だろうか――。教育目標や経営方針、日課表や生活のきまり、欠席や遅刻の連絡方法、集金のお知らせ、教材の選定基準、通知表の見方や評価の観点……、これを見れば学校のことがすべてわかる（はず）という冊子だ。「シラバス」は授業のガイドで、各教科の年間指導計画が、学習者や保護者向けにわかりやすく書かれている。学校ガイドやシラバスは、学校全体の発行物なので、公費負担とするのが当然だ。最近では、学校ガイドやシラバスを簡易なパンフレット程度（A3サイズの両面印刷など）にしている例もあり、費用負担のあり方とともに検討が必要である。

卒業証書

卒業式に渡される卒業証書は、法令で校長に作成義務が課されている。一般的な卒業証書には「あなたは○学校の全課程を修了しましたのでこれを証します」と書かれ、大きい学校印と校長の職印が押され、卒業台帳の通番が打たれて割印が押されている。この様式は学校の設置者（自治体）が定めており、教育委員会が全学校分を一括して発注することが多

い。

その場合、学校印と職印、学校名と校長名まではプレプリントされて学校に納品される。ここに卒業生の名前を筆耕するのだが、それを外注したり、校長や書字の得意な教職員が書いたり、さまざまな方法がとられており、学校のプリンターで印刷している学校もある。

卒業証書は、厚めの紙を使うことが多い。紙や印刷の価格は自治体の状況（学校数・卒業生数）により変わるが、卒業証書にかかる紙や印刷代を私費で集金している自治体は聞いたことがない。

通知表

じつは、通知表をつくって渡す義務は学校にない。え!?と思う人もいるだろうが、通知表の作成は法令で定められていることではない。そのため、名称・様式なども基本的に自由である。通知表は、子どもたちの学習評価、到達・理解度、日常生活の記録などを保護者に伝える目的で学校が任意で発行しているのだ。
一方、法令により作成が義務づけられている書類に、指導要録がある。これは教育委員会が定めた様式にしたがって、指導の記録が記されている書類である（指導要録は情報公開の対象であり、本人が要求すれば開示される。保存年限は卒業後5年間）。

通知表の形式として一般的なのは、紙を半分に折った形の4面使用である。内容の書かれ方は、大別すると2パターンとなるだろう。

①厚紙の両面に様式が印刷されていて、各欄に評価や所見を手書きで記していくパターン。

②厚紙に表紙と修了証だけ印刷しておき、評価や所見はデータで管理された情報を毎学期プリントアウトして厚紙に貼るパターン（通知表の内側は、台紙という扱いになる）。

最近では後者が増えてきている。①の場合、様式の印刷を学校でおこなうか、印刷業者へ依頼するかによって費用に雲泥の差が生じる。すべてを学校でおこなう場合は厚紙を買えばすむ。白の厚い上質紙で1枚10円前後、あとはインク代程度であり、経済的だ。印刷業者へ発注すると、とても1人あたり10円では収まらない。

担任の手間はどちらにもかかる。そのため、評価印という数字や記号のスタンプを購入している学校は多かった。

②の場合も、表紙と修了証の印刷をどうおこなうかによって費用が違ってくる。あわせて、評価など（中身）を印刷する用紙や貼りつけるテープなども必要になってくる――、とは書いたが、そんなに費用がかかるわけではない。大きな学校でも学期に数千円程度だろう。

また、薄いクリアブックを一律徴収金で購入し、ポケットに入れるタイプの通知表も最近では流行っている。「通知表ファイル」なるものも商品化されていて、いずれも1冊100円前後だが、紙なら公費で、クリアブックだと私費になる理由は説明が難しい。

学級費

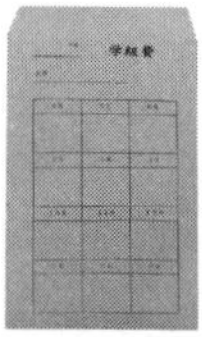

学級費は一律徴収金の王様であり、生活保護の教育扶助費として支給されるくらい全国的にも有名な費用だ。学級費として集めた費用で消耗品を購入することは多い。

学級費の用途は、日々の学級での消耗品から、教科で使用する教材まで多種多様である。小学校の生活科で収穫したサツマイモで焼きイモパーティーをするのに、学級費を使って担任が内緒でイモを買い足し、収穫量を捏造したという話も聞いたことがある（笑）。学級担任が個人の信頼でお金をもらっていると勘違いしているような場合も見受けられ、ほとんど無法状態といってもよいような使われ方がされることもある。

ひとり月１００円×11か月分＝１１００円。40人ともなれば4万４０００円にもなり、それなりの額だ。年度末に決算報告をして監査を受けるのが一般的だが、監査は学級の保護者がおこなうことが多く、執行を追認するだけになりがちだ。

いちばんの問題は、費用負担ありきで集金していることである。調理実習費なら調理の材料、工作実習費なら工作の材料と想像がつく。しかし、学級費という名目では学級で使うものという漠然としたイメージしかできず、費用徴収者の裁量が大きくなりすぎる。

たとえば、色画用紙を人数分の40枚だけ購入する。こういった使い方は納得できるだろうか。では、教室に鉢花を飾りたい、教室に飾りつけをしたい、教室に水槽を置いて熱帯魚を飼いたい。このへんはどうだろうか。まあ、まだ意見を述べるほどではないかもしれない。では、学級用にキーボードを買いたい、ではどうか。学級が解散したあと、そのキーボードはだれのモノになるのだろう。

学校には文房具を学級で用意する文化もある。学級では、生活班と呼ばれるようなグループを5、6班編成している。たとえば、調べ学習で模造紙にまとめる作業のために、カラーペンがグループに1セット必要となる。ほかにも、グループ作業用にセロテープやホッチキス、のり、はさみなどを用意しておくことが多い。それを文房具セットとしてケースに入れて教室に保管しておくのだ。これらは教科教育のために必要な費用だが、学級で使うから学級費（私費）という流れに乗ってしまう場合が多い。例示した内容だと、1セット2000円以上はかかるだろう。それを全学級×グループ数だけ用意するには、それなりの費用が必要だ。

最後に、コピー代やインク代、トナー代についてだ。ここまで保護者が負担しなければ公教育は運営できないのか!?　と思うが、実際に保護者からインク代1000円が一律徴収された例がある。保護者からしてみれば、みずから費用負担したモノがきちんと子どものために使われていてほしいと思うが、いつの間にやら子どもとは無関係のところでインクが使われていたとしても知るすべ

プリンタインク
トナーカートリッジ

はない。それでも負担をお願いされたら払うしかないのが保護者の立場である。――ここまで保護者負担にしてしまうのがやりすぎなのは、検討の余地もなく明らかだ。

歴史

工業化にともなう学校消耗品の変化

学校の教育活動や子どもたちの学習に用いられる「モノ」の歴史は、教育の「文化史」と呼ばれ、紙や鉛筆などの消耗品、通知表や制服などの学校文化固有のモノの成り立ちを明らかにしてきた。その研究成果に依拠しながら、学校における紙・消耗品の歴史を概説してみよう。

紙と鉛筆がつくりだした「筆記・宿題」文化

丈夫な繊維をもつ植物が大量に自生していた日本においては、長らく和紙が一般的であったが、和紙は手漉《す》きが基本なので、高価になってしまうという欠点があった。このため、子どもたちの全員が高価な教科書を保護者に買ってもらうことは難しかった。経済的に苦しい子どもたちは、隣の比較的裕福な友だちに教科書を見せてもらうなどして、不自由な学校生活を送っていた。しかし、20世紀初め、検定制から国定制に教科書制度が移行する時期になって、圧倒的に安価な機械漉きの洋紙が普及する。これにより、それぞれ1冊ずつ「自分用」の教科書を持つことが可能となった。

洋紙とほぼ同時期に国内生産が始まった鉛筆は、毛筆と異なり、不器用な子どもであっても文字を書きやすく、また消しゴムを使って書き直しが可能であり、しかも安価であったため、子ども向けの筆記具として急速に普及した。20世紀に入ると、貧しい家の子も1本か2本は鉛筆を手にすることができるようになった。

これにより、ふたりで1冊の教科書を使い、石盤と石筆を用いて学習する、という形態から、1920年頃には、子どもがそれぞれ教科書、ノート、鉛筆をもつという形態に変わった。このことは、教師による掛図を用いた一斉講義中心の学習方式から、子どもの筆記練習を交えた学習方式への転換をうながした。加えて、文具がかなり軽量化されたため、家庭での宿題を学校が出すという慣行も促進されることとなった。

学校の「おたより」はガリ版から輪転機へ

さらに同時期、日本で開発された謄写版の印刷機も、おもに学校で教員が使う用途で急速に普及した。謄写版は、鉄筆でろう原紙に字や絵を描き、その原紙を印刷する紙に乗せ、上からインクの付いたローラーで力を入れて刷ってインクをしみださせて刷りあげる。鉄筆で書くときにガリガリと音がするので、「ガリ版刷り」とも呼ばれた。利用する教員の技術が高ければ、ひとつの原紙から1000枚でも印刷することが可能であり、子どもの作文を文集にしたり、保護者へのおたよりを印刷したりするなどして重宝されることとなる。ローラーで1枚ずつ刷ることをくり返す時間のかかる作業だったが、教師がふたり一組でこの共同作業をおこなうなかで、子どものことや授業のことなどをさまざまに話しあうことができ、貴重な時間であったと回想する声もある。

その後、1970年代に手動輪転機が普及する。輪転機は、版を巻きつけた円筒に印刷用の紙を押しつけることで印刷するものである。さらに電動の輪転機が登場することで、原紙の作成から印刷まで、大幅に時間が短縮された。この輪転機が現在も広く用いられているが、良くも悪くもこの輪転機の登場は職員室（印刷室）と教室の風景を一変させた。端的に言えば、学校での「プリント文化」「おたより文化」を生み、これを支えつづけることとなったのである。

配布が必要かどうか考えることもなく、ともかく印刷して配布できる便利さが、無駄なプリント・おたよりを生んだ。そして、いまとなっては、学校運営費でもっともお金がかかるのが紙やインクなどの印刷用消耗品であるともいわれている。

生産・購入・使用の容易さが、子どもたちの学習環境を豊かにした側面はたしかにあるが、教育的価値や必要性の吟味なしに、とにもかくにもさまざまなプリント・おたよりを含む物品を用意する風潮を助長したといえるかもしれない。

理念

私費負担・持参品が消えない理由

現物持参品は〈見えない私費負担〉

ここまでみてきたように、そもそも学校教育の起こりは「手弁当」でおこなわれていた。すなわち教科書、紙、鉛筆をはじめ、すべての文具は私費負担・現物持参が一般的であったし、現代でもそうとう多くの部分が現物持参された道具・消耗品でなりたっている。

このことの現代的な問題点は、「設置者負担主義」（学校教育法第5条）に反し、私費負担によって学校教育が基本的に支えられている状態であること、さらにそれが、現物持参品という形態であることにより、「私費負担」として明確に見えにくくなっていることである。実際には、家にその物品がなかったらスーパーやコンビニ、ホームセンター、百円ショップに走って購入しているにもかかわらず、担任も保護者自身も、それを私費負担と認識していない。

こうした現物持参品が現在でも学校で多くみられる要因は、二つあると考えられる。一つは、現物持参がこれまで一般的であったため、学校側も保護者側もたいして抵抗感がない、ということである。そもそも家庭にあるもの、子どもが持っているものであれば、学校用で別に購入するより持参したほうが経済的だ。家庭にそもそもあるものは、私費負担が当然であり、こうした現物持参品は、「家庭に持ち帰るもの、子どもが家で使えるもの、子どものおなかに入るものは、受益者負担であるべき」との論法と親和的で、この論法を補強することとなった。

しかし、時代の移り変わりとともに、なかなか家庭に常備されなくなったもの、手に入りにくくなったものも、変わらず持参が求められている。そこに違和感が生じてきているのである。松ぼっくりや葉っぱが手に入りやすいかは地域によるし、レジ袋や新聞紙、牛乳パックやペットボトルが家にあるかどうかは、その家のライフスタイルに左右される。

想像以上に少ない、学校配当予算

現物持参がなくならないもうひとつの要因は、各学校における圧倒的な公費不足である。学校に配当される予算は、基本的に学校設置者である自治体によって決められる。その予算額の決定にあたり、各学校へ次年度教育計画などのヒアリングの機会を設けていない自治体も多い（2017〜2018年にかけて学校事務職員に対しておこなった調査では、ヒアリングがなかったとの回答が、およそ3割であった。機会ありが6割、その他と不明が1割。回答数は589件）。

そうした自治体では、学校でコピー用紙を購入するのにいくら必要か、授業に必要不可欠な物品が耐用年数を超えていないかなど、その学校の個別的事情を十分にふまえないまま、学校に公費予算が令達されてくるのだ。

なかには一家庭の1年間の家計支出よりも貧弱な公費予算で、消耗品や教材などの購入費用をやりくりしている公立学校もある。保護者が想像する以上に、学校の公費予算は少ない。それにより、本来公費負担すべきものが、私費負担あるいは現物持参として保護者に負担転嫁されるのである。

この章の最初にも触れたように、卒業証書は法令上、校長が作成して当該児童生徒に授与することが義務づけられている（学校教育法施行規則第58条）。同様に校長が作成すべきものとして義務づけられている指導要録（同24条）、出席簿（同25条）などの紙代を、私費負担としているという話は聞いたことがない。紙代については指導要録などと同様に教育委員会が一括発注し、公費負担なのだが、こと筆耕代や卒業証書の筒などになってくるとPTAなどを介した私費負担に転嫁されやすい。

小中学校への令達予算総額の調査（1年間、水道光熱費をのぞく）

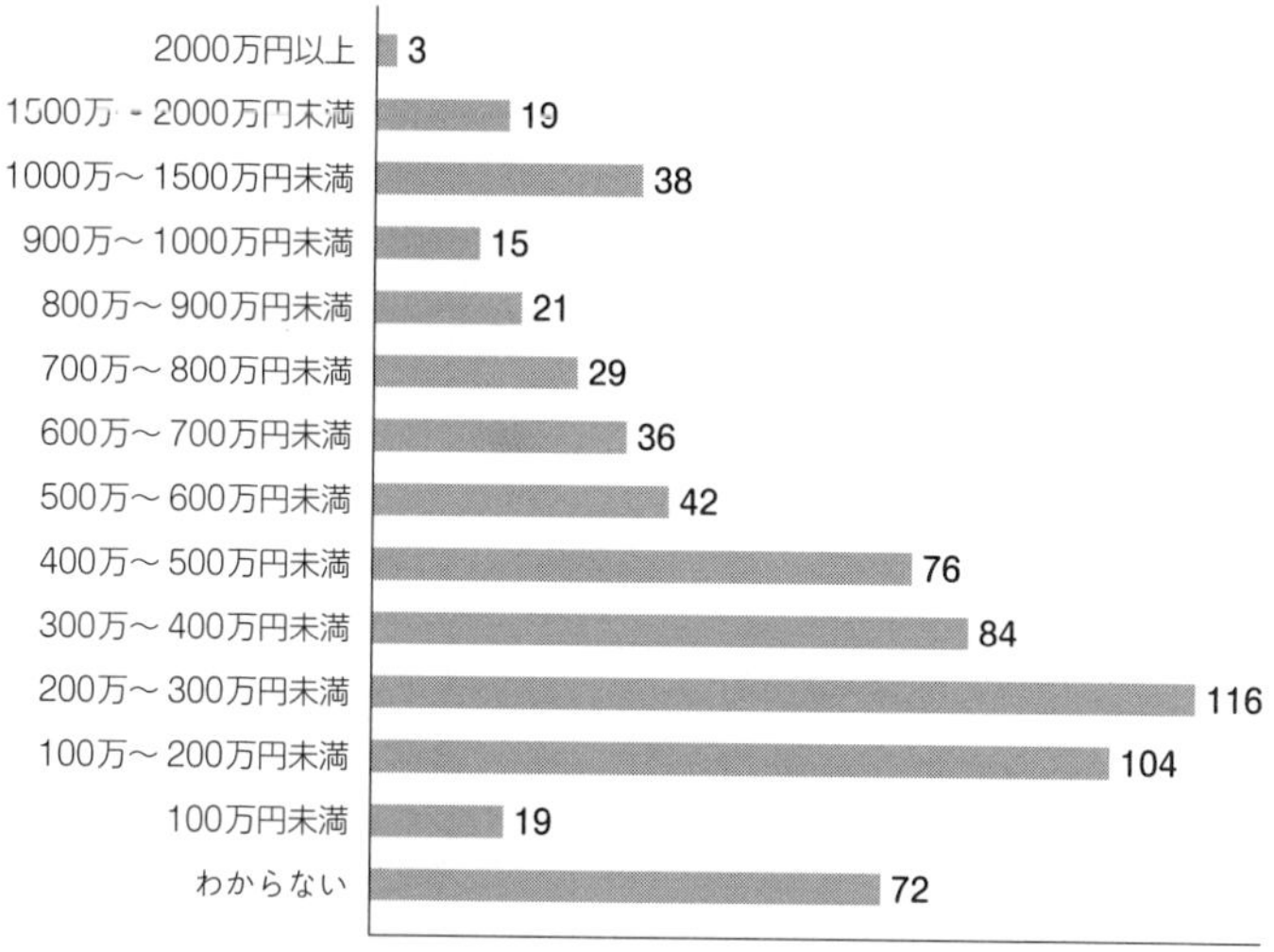

配当予算が200万円未満の学校は全体の18%、300万円未満の学校は35%を占めている

筆者ら調査による。2018年・回答数674件

卒業生の名前と番号を記す筆耕は、長年、校長や教員がこれを担当することにより、無償で卒業証書を授与することができてきた。それを学校外に業務委託するときに、設置者が筆耕代分を配当していないと、いきおいＰＴＡに「よろしく」となりがちなのである。

また、卒業証書の筒をめぐっては、「少なくとも卒業証書本体は法令に規定もあるし、公費負担。それ以外は、あくまでオプション」との考え方がある。それは一面では正しいのだが、法令上の規定のないものに関しては公費負担しなくてよいという論理に転嫁されかねない。

公費配当の例（1年間）

		児童550人前後の小学校	生徒800人前後の中学校	児童550人前後の小学校	生徒800人前後の中学校
合計		625万6000円	648万9000円	548万2000円	997万円
児童・生徒1人あたり		約1万1400円	約8100円	約1万円	約1万2500円
内訳	管理用消耗品	140万7000円	143万円	301万2000円	570万円
	教材用消耗品	93万8000円	116万円	85万円	170万円
	備品修繕	22万6000円	27万円	10万円	50万円
	施設修繕	285万円	250万円	60万円	90万円
	管理用備品	10万3000円	12万9000円	40万円	68万円
	教材用備品	70万9000円	97万円	40万円	38万円
	印刷製本	2万3000円	3万円	12万円	11万円
		人口60万人前後、財政力指数0.9前後の市		人口10万人前後、財政力指数0.7前後の市	
		市予算に占める教育費の割合：13%前後		市予算に占める教育費の割合：10%前後	

＊全国的に公費配当基準はさまざまであり、人口が多く財政力指数が高ければ配当予算も多いとはかぎらない。
＊ある公立学校を例に試算したところ、公費（自治体が支出する学校予算）と、私費（保護者負担金）の割合は、公費１に対し、私費４であった（公費に人件費と水道光熱費を含まず、私費に入学準備品を含まずに算出）。
＊財政力指数……税収などの収入を必要運営費で割った過去3年間の平均値。地方公共団体の財政力の指標とされる。１以上の場合、地方交付税が交付されない。

規定のないものは「とりあえず私費」か

通知表は、卒業証書と異なり、法令上に学校や校長の作成義務が明記されているわけではない。

そもそも通知表は１８８０年代後半より、家庭に対して各児童の成長のようすや教育・学校活動の取り組みのようすなどを伝える手段として誕生したといわれている。各学校で独自に始まった取り組みなので、通知表の形式はバラバラであったものの、１９００年代に入ると定式化された学籍簿の様式にあわせて、学業成績や出席状況などの報告を中心とする内容に収斂していったという。同時期に急速に普及した謄写版印刷機により、日常的な連絡事項はおたよりやプリントを用い、学期ごとの学業成績等の通知は通知表で、というスタイルがこの時期に確立したのだ。

ここで重要な点は、おたよりなどと同様に、通知表は、各学校が家庭との連携を円滑に進めるために〈自主的〉に作成し、子どもを通じて保護者に手渡しているものだということである。であるからこそ、その作成方法や成績評価についても学校は自律的に考え、過度に負担が重い作業は工夫して軽くするなどしてきたのである。学業成績を学籍簿や指導要録からの転記のみとすることや、手書きではなくパソコンで打ちこみ、印刷してその紙を貼りつけるだけとすることも、そうした工夫の一環である。そのように学校が〈自主的〉に作成し、〈自律的〉に工夫を施しながら内容を精選することも可能な通知表の紙代や印刷代を、保護者に負担転嫁することは、やはり許されないだろう。

おたよりにおきかえれば、この論理がおかしいことは明白だ。熱心に学級だよりを出す教員がいたとして、「保護者に子どもたちのようすを伝えるために、がんばって毎日学級だよりを作っています。つきましては、紙代とインク代がほかのクラスよりもかかってしまうので、そのぶんを頭割りで集金します」と言ってきたら、「それ、本当に毎日出す必要ある?」との声が少なからずあがるだろう。

ある学校では、教頭が変わったとたん、おたよりなどに裏紙を活用して経費を節約する慣行がうやむやになった。そのうえ、計画になかったカラー印刷もどんどんするようになったものだから、公費予算ではまにあわず、「紙代」を保護者に求めはじめたという。こうした管理意識の低さが見え隠れすると、たった数百円のことであっても、家計をなんとかやりくりしている保護者の目からは「学校って、計画性もコスト意識もないんだな」と、とたんに信頼度が落ちてしまう。

法令上の作成義務がなくとも、本当に必要であると考えるなら、費用負担・行為負担を削減するよう工夫しながら、その学校独自の通知表をつくり上げるべきだ。

施設維持費の私費転嫁は禁止されている

学校施設が1年を通じて機能するためには、莫大な水道光熱費がかかる。

たとえば、子どもの人数が500人程度、校舎が3棟、25mプールがあり、給食は自校調理方式である中学校の費用を紹介しよう。1か月の電気代は26万円程度、ガス代が18万円程度(給食調理がない夏休みは10分の1程度まで減少)、水道代が36万円程度(プールの時期は1・5倍に上昇)である。

水道光熱費は、必要不可欠なランニングコストである。ここで、「子どもたちは学校で水を飲み、トイレを使っているのだから、保護者が費用負担すべきではないか」と考える人もいるかもしれないが、そうはいかない。

基本的に公立学校の水道光熱費は、学校設置者負担主義により地域住民による租税で負担することとなっている。しかも、地方財政法で「住民にその負担を転嫁してはならない」（第27条の4）と規定されたものに「職員の給与」「建物の維持及び修繕」費が定められている。水道光熱費が建物の維持修繕費に含まれると考えれば、その私費負担は考えられない。実際に、教職員が誤ってプールの水を流出させた場合であっても、その損害分の費用を負担するのは学校設置者である。

こう考えてくると、冷房導入にともなう私費負担が問題となる。冷房設置の初期費用は、国が3分の1を補助するなどして設置を促進しているものの、学校設置者が負担する額も莫大となるため、高校ではPTAなど保護者負担で冷房を設置するところも少なくない。加えて、電気代についても月額500～1000円程度で、設置費用とあわせ年額1万円程度を保護者が負担するケースもある。このことは、先の地方財政法に抵触する以上に、「暖房や水

税外負担への転嫁は禁止

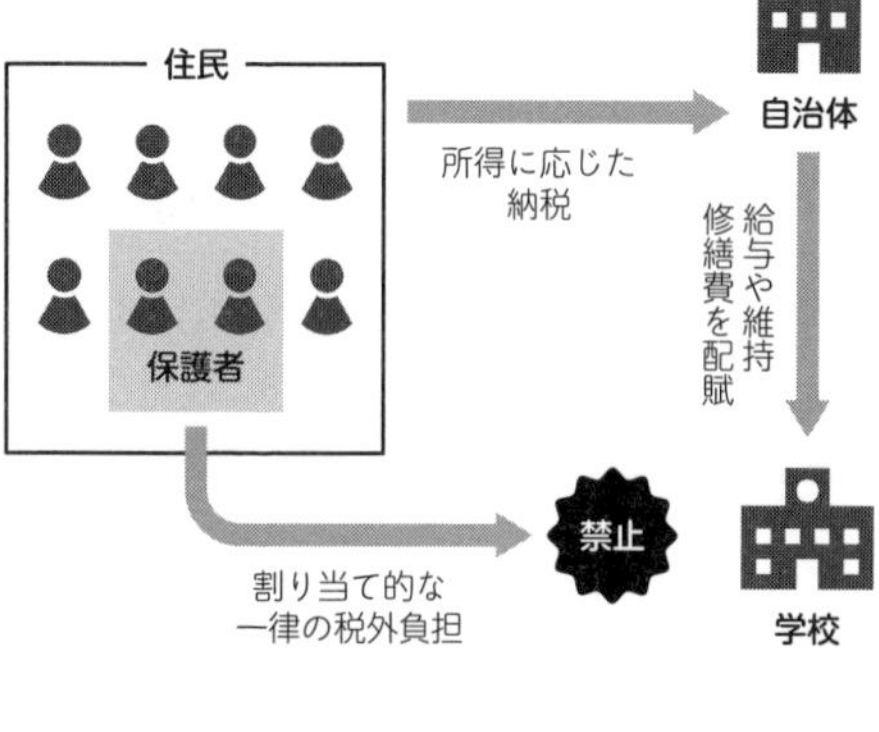

道は学校もちなのに、なぜ冷房だけ保護者もち？」という疑問を呼びおこす。

そして、これへの答えはひとつだけしかない。冷房の導入・運転コストが莫大で、公費が足りないから――それだけである。

こうした冷房コストの私費負担が普及していくことは大きな問題だ。自治体が動かないなら保護者が動き、費用も出すという風潮が蔓延していくと、同じ市内の学校でも、保護者の行動力と費用負担力によって冷房の有無が生じることになってしまう。温暖化・都市化が進んでいる日本の学校では、オプション的な扱いではなく、公費による冷房導入が必須だろう。

現状みられる、紙を代表とする消耗品代や水道光熱費の保護者への転嫁、および現物持参は、根本的には学校設置者負担主義に背反するものである。しかし、公費不足のなか、「子どものためだからやむをえない」との思いで、学校と保護者の両者がその現実に目をつぶっている。

しかしながら、なかには、公費負担にできるにもかかわらず、消耗品を私費負担としている学校や、私費負担を軽減すること

小中学校の冷房設置率推移

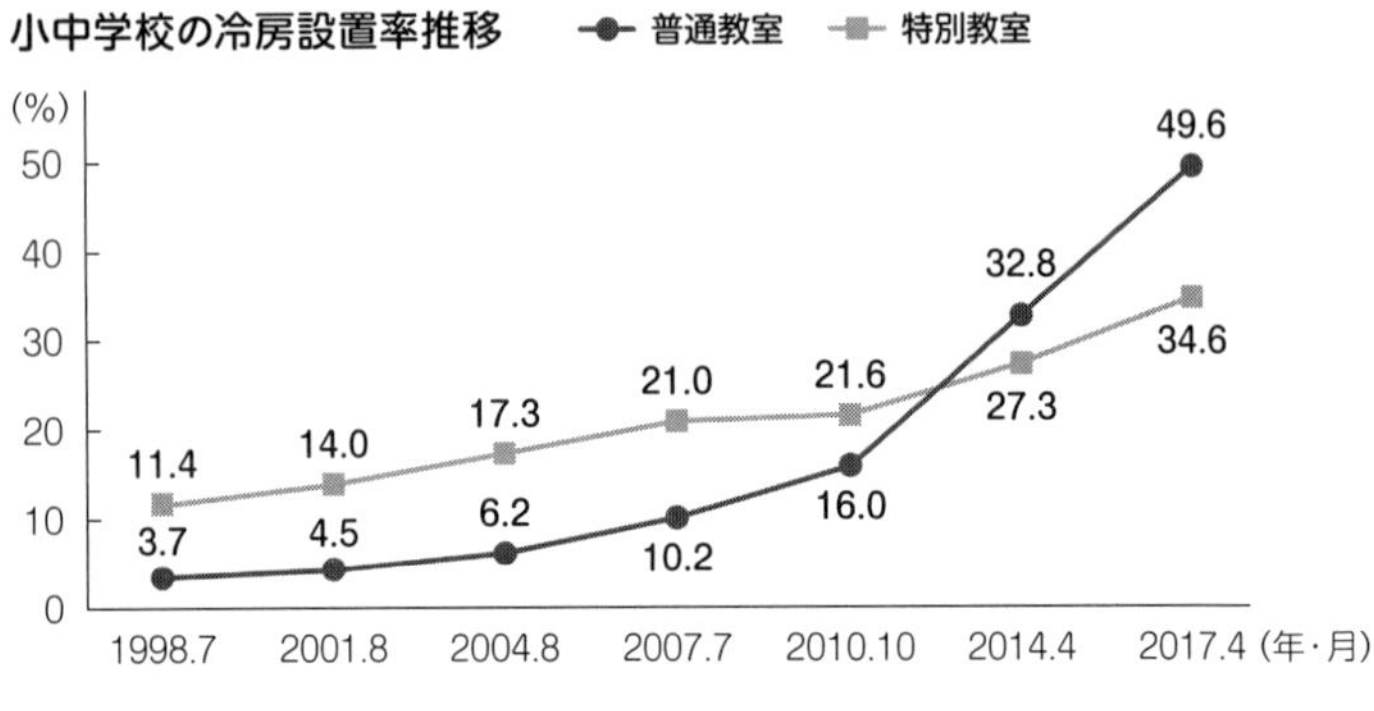

文部科学省「公立学校施設の空調（冷房）設備設置状況調査」より

に無頓着な学校もあることを指摘しておかねばならない。ここでは、「私費負担やむなし」がいつのまにか「私費負担当然」という考えに転じてしまっているのであろう。

対策 公費化にむけた「見える」化と、脱・一律負担

私費頼みの慣習を変えるには

私費による消耗品負担の根源は、公費不足である。とくに、紙や消耗品など単価が安いモノは気軽に私費へ流れてしまう。そして、それが慣習化してしまうことで、

「当たりまえ」となっていく。「ちょっとだから、安いから、いいじゃないか」。この言葉とともに私費負担は拡大しているように思える。

その対策は、私費頼みの慣習、その細かい部分にも再検討の目を向けることだ。学校財務担当者には学校全体をすみずみまで見渡したお金の執行計画の作成が求められる。ひとり数十円の私費負担だったとしても、それを負担させる意義を検討すること、同時に、公費で負担できないのかを検討することが必要で、これによって、少額であっても細かいところから公費がいきわたるようになる。

こうした検討は保護者の側からはなかなかむずかしいだろう。しかし、情報（意見）を伝えていき、

学校内で問題を共有させる役目なら担うことはできる。とくに、この章で扱った紙や消耗品という軽微な費用はなおのことである。

たとえば、きょうだいがいる場合、決算報告書などを見比べるだけでも、違いを理解することができる。学年ごとに比べると、同じような画用紙や消耗品を違う値段で買っていたり、片方は学級費から、もう片方は公費で負担していたりすることもある。保護者からの指摘で担任同士が気づけば、コスト意識を学校がもつための第一歩となるだろう。

また、学校によっては、事務職員がそれらの情報を統合的に整理している。その場合は学校全体として、公費への切りかえや、大づかみな事前集金をやめる方向にもっていくことができるかもしれない。ぜひ、事務室のドアをたたいてみてほしい。そこから解決策がみつかるかもしれない。

会計報告や決算に注目しよう

これまでとりあげたモノのいくつかについて、具体的な対策を考えてみたい。

まずは、大づかみな集金がめだつ、理科実験費などの各種実習費を検討しよう。

モノを指定してちょうどの金額を集金するのではなく、とりあえず「○○費」として一律徴収することがベターであると考えられている理由は、金額が定まりづらいことや生鮮品などの納品のタイミングが難しいことにある。基本的にこうした集金を止めさせるにはすべて公費で支出するか、なるべく先を見越した指導計画を立てて個別徴収に変更していくしかない。

また、「公費で支出する場合、登録業者からしか購入できない」という制約の問題にも触れておこう。ここは事務職員の領分だ。たしかに、イカや手羽先、生鮮食品を購入できる登録業者は少ない。文房具屋でイカは買えないのだ。まず、学校給食の食材を扱っている業者に確認してみることから始めよう。たとえ献立になかったとしても、文房具屋より近づくはずだ。

固定観念を捨ててみることも大事である。イカや手羽先も、教科書に載っているれっきとした教材だ。エタノールやリトマス試験紙を扱っているような教材販売店に相談してみよう。意外と扱えることもある。そこまでしても見つからない場合は、教育委員会に相談するところまでがんばろう。授業で使うように例示されている教材が、私費でしか購入する手段がないことは問題である。事務職員の腕の見せどころだ。

公費不足によりどうしても保護者に費用負担をお願いせざるをえない場合でも、保護者側は、何をいくらで買うか知ってからお金を払いたいと思う。牛乳を買ってきてと1000円を渡しておつかいを頼んだとき、1本500円の牛乳を買ってこられたらちょっとツライ。学級費も同じである。年度末に学級費の内訳を示されて、それが高い買い物でも追認するしかない。

そのため、保護者としては、まずは補助教材費の決算報告などで支出の中身を確認してみよう。事務職員に聞いてもわかるはずだ。聞きづらい場合は、決算を監査する保護者を介して情報を提供してもらってもよいし、もちろん自分で監査を担当してもよい。監査のときには、数値の合計や書類の不備だけではなく、使用された補助教材の中身（使用頻度や使用方法、費用対効果）まで確認してみると理解が深まるし、学校側もしっかり対応してくれるようになるだろう。

そして、一括集金がされている項目（「技術科実習材料費」や「木工制作材料代」など）があった場合は、ぜひ詳細を確認してほしい。たとえば技術科でニスやボンドなどを私費で買われていた場合、公費での購入をうながしていく必要がある。現場で学校財務の精査を担当している事務職員をつついてみることだ。

また、調理実習費の場合は、調味料から公費にしてもらえないか話題にしてみよう。保護者会の場を使ってもよい。学級担任が「わかりました！　つぎからそうします」と即答することはおそらくないだろうが、学校内で話題を共有し、課題としてとらえる契機になる。

保護者会でこのような発言がしづらい場合もあるだろう。学校側からも、子どもの学習や生活面以外のことも話題にしていくべきだと思う。そして、一方向に担任が伝える連絡会ではなく、相互に意見交換ができるような会の運営を期待したい。

ほかにも第1章で紹介した保護者アンケート（学校評価）も有効だ。アンケートに直接「調理実習の調味料は公費にしてください」とは、なかなか書けない（どこに書いていいのかわからない）だろうが、「気軽に保護者の声を学校へ届けられるシステムをつくってください」という総論的な要望ならハードルも下がる。2ステップ踏むことにはなるが、そこから具体的な意見を出していけるとよい。

昨今、学校評議員会や学校運営協議会など、保護者や地域の人びとが学校の運営に対して意見を出せるようなシステムがつくられてきた。だが、まだまだ「気軽さ」はなく、高い敷居をまたいで意見を述べるような感覚は否めない。学校の側も「届いた要望はかならず改善する」とも言いきれないだろうし、双方の信頼関係を重ねていくほかない。しかし、言わなければ変わらないのだ。

学校に要求や要望を出してくる保護者をモンスター呼ばわりするのではなく、「できることはやる」「できないことはやれない」としっかり回答していくことで信頼関係を築くことができる。そして、保護者側もそれを理解して、要求を伝える「勇気」と回答に対する「寛容さ」をもってほしい。

現物持参の負担は「脱・一律」でグッと楽に

保護者の負担(金)が意外と多い現物持参はどうするのか。正直、家に「無いものは無い」ので持参させないという選択もありだとは思うが、それによって子どもが不利益を被るようなことは避けなければならない。両方を解決できるような策を考えてみよう。

まず、保護者側ができる対策である。事前に各種の容器を常備しておく——なんてことしていたら、部屋が空の容器で埋まってしまう。まずは、早めに子どもから情報をキャッチすることがひとつの手段となるが、それでも限界はある。やはり学校側が可能なかぎり用意しておくべきだ。

現物持参品を準備する労力を費やすくらいなら、お金で解決させてほしいという保護者もいないわけではない。そこを天秤にかけて、補助教材として用意するのもひとつの手段ではある。それが公費で用意できれば理想のかたちになる。

しかし「空のペットボトル」や「お菓子の空き箱」を公費で購入するというのは、いかにももったいない。現物持参の負担を減らす方法も考えたい。以前の学校で実践していたことだが、現物持参させているモノを、必要な時期になってからではなく、年中呼びかけて集品するという手段もある。

フィルムやモールなど集まりにくいモノは公費で購入し、学校全体で管理するほうが無駄はない。子どもたちがワクワクしながら自由に工作材料を選べるような「ワクワクＢＯＸ」を用意し、そこに集約しておくだけでも、この問題は緩和される。消耗品室などには色画用紙の端切れなどの素材が意外と散乱している。こうしたものを「ワクワクＢＯＸ」へ入れておけば、立派な材料となる。

任意持参でみんながハッピーに

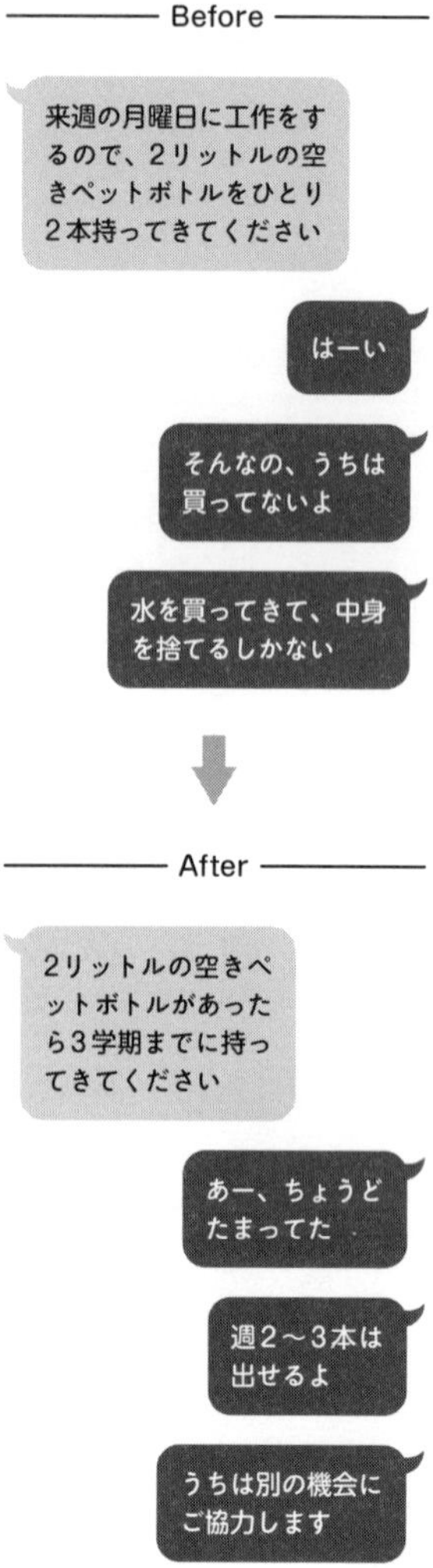
Before
来週の月曜日に工作をするので、2リットルの空きペットボトルをひとり2本持ってきてください
はーい
そんなの、うちは買ってないよ
水を買ってきて、中身を捨てるしかない
After
2リットルの空きペットボトルがあったら3学期までに持ってきてください
あー、ちょうどたまってた
週2～3本は出せるよ
うちは別の機会にご協力します

学級費徴収を本当に「なくす」には

最後は学級費である。この費用も基本的には、授業で使う消耗品を購入する目的で集められているが、108ページで示したように問題がある。2点にしぼって検討しよう。

まず、①集金額の妥当性。多くの学校で月100円程度が、前年度踏襲でなんの根拠もなく徴収されている。②用途の正当性。事後追認の購入に使われ、学級担任の考えで用途を決めることが多く、校内のチェックも事後となっている。

①と②どちらも解決するために、予算の執行計画を立てる必要がある。学級費を廃止して、必要ならばモノを指定して集金依頼をするべきなのだ。会計監査や保護者会など、保護者が発言できる場面で意見を述べてみるとよい。学級費を残すなら、学級費使用計画書を事前に提示することを求める。廃止するなら、補助教材として必要なモノを明らかにして、その費用を徴収する方法に変える。――そうしていくと、どちらにしても事前に計画を立てることが必要となるため、学級費というあいまいな費用の存在意義はなくなるのだ。

しかし、この方法では学級費という集金項目がなくなるだけで、私費負担は残る。ここからの解決策は保護者の立場ではさらに困難だろうが、本当に学級費を「なくした」（個別徴収に移行させたわけではなく消滅させた）学校が採った方法を紹介しておこう。

まず、学級費の年間執行状況を事務職員が把握する。このことにより、学級費で購入したモノの是非を統合的に検証することができる。そこから、公費で予算化できるモノと私費で購入をお願いするモノ、購入じたいを止めさせるモノにわける。

検証して仕分けした結果、私費で購入を要するモノはまったく残らず、公費で購入するか、購入をやめるか、という選択となった。このことで学級費は廃止されたが、学級にはいままでどおり必要なモノが用意され、担任が買いにいく手間もなくなったため、教員から批判が出ることはなかった。

たとえば、学級費で購入される文房具セットにしても、全学年・全学級が一斉に使うことはそんなに考えられない。1学年分程度を職員室や事務室に用意しておけば、費用は数分の一まで減らせる。補充と管理はだれかがする必要はあるが、貸し出しセットとすることで公費による用意ができるはずだ。

消耗品費を公費で出せない理由はない

教材以外の消耗品はどうだろう。水道光熱水はわかりやすい。前述したとおり（118ページ）、水道光熱費を私費負担に転嫁することじたいが、地方財政法の規定からはずれる可能性がある。このことは管理職や事務職員なら知っているだろうが、一般教員は知らない可能性もある。冷房設置費用の保護者負担のような抜け道の存在は大きな問題である。

学校を運営していくために必要な経常経費であるコピー代やインク代、トナー代、紙類も、私費を頼るのは安易すぎる。前述の地方財政法が住民転嫁を禁じている維持費に近い性質のものだろう。法の趣旨をふまえて、設置者はすぐにでも私費負担の撤廃をしていくべき部分にあたる。

もうひとつ、こちらも設置者負担への改善を求めることが急務となっているカーテンクリーニング代だ。カーテンは教材ではない！　といって教材費から徴収されるのを阻止することもできるだろうが、諸費として別に集金しよう！　となってしまったら意味がない。

PTAなどをとおして、保護者が自宅でカーテンを洗う当番をもうけている学校も多い。そもそも学校の共用品を家庭でクリーニングすることは正しいのかを考えてみる必要があるだろう。カーテンは子どもが持ち帰るには大きすぎるため、保護者が学校へ取りに行く必要がある。乾かすにしても場所がいる。保護者の負担は大きい。

わたしの勤務校でも当初は、カーテンクリーニング代が教材費に含まれ、保護者から徴収されていた。それを1年間検討して別の方法に変更し、結果として費用を使うことなく返金にまわすことができた。その秘策は、公費で大型洗濯機を購入したのだ。洗う機械があれば、残りの問題は洗う機会である（笑）。カーテンの取り外しはおとながやるとしても、持ち運びは子どもでもできる。生徒会や保健委員会に組織として手伝ってもらうことも可能だ。

しかし、そもそもクリーニング代が公費で十分に配当されればクリアできることであり、要求を教育委員会にしていくことも必要だ。「保護者から費用を集めてクリーニングに出してください」という回答は来ないはずだ。だれかが声をあげることで全体が変わることもあり、それは学校内からでも学校外からでも可能な取り組みだ。自治体によってはすでに、校舎内のカーテンすべてのクリーニング予算を配当している。これが到達点である。

　このように、公費予算が足りないといっても、そのぶんの補填を保護者だけに要求するのではなく、学校の設置者へもそのベクトルを向ける必要がある。自治体や保護者の経済状況によって、教育の質に差が生じないために、義務教育費国庫負担法が存在し、憲法には義務教育の無償性が謳われている。その理念を忘れてはならない。

資料編

学校の

モノとコト

私費負担カレンダー

この資料編には、小学校と中学校でかかる費用を時系列にまとめたものを掲載している。まず、「小学校6年間／中学校3年間の私費負担例・一覧」を、さらにくわしい費目や内訳がわかるものとして、小学5年生と中学2年生をとりあげ、「1年間の私費負担・詳細版」としてまとめた。文部科学省による「子供の学習費調査」（左に一部を掲載）は、あくまで平均額を示すものなので、こうした一覧表を作成した。

小学校では毎年同じような補助教材や消耗品を購入していて、学年ごとの方針というより、学校で統一していく傾向がある。そのため、たとえばある学年では学級費を徴収しないとか、テストは教員が自作してテスト代を徴収しないというようなことが起きづらい。このことは中学校でも同様だ。

中学校の補助教材費は、年間使用分を1学期のあいだに徴収することが多いが、学校によって事情が違うため、[一覧] では各月にふりわけて表とした。[詳細版] では、実際に徴収がなされた月を記載している。また [詳細版] には、ワークやドリルなど目に見える費用に加えて、「見えにくい私費負担」――すなわち、授業などのための「現物持参品」も洗いだしてみた。これに関しては、中学校より小学校のほうが多い。

林間学校や修学旅行では、これらの表にある旅行費用とは別にかかる、学校からは見えにくい私費負担の割合が高い。修学旅行を例に、140ページに詳細を記した。

「子供の学習費調査」から

文部科学省・2017年発表。数値は2016年度の年間支出のひとりあたり平均額

公立小学校

学校教育費：6万43円
学校給食費：4万441円

年間支出の平均
合計10万484円

学校教育費の内訳

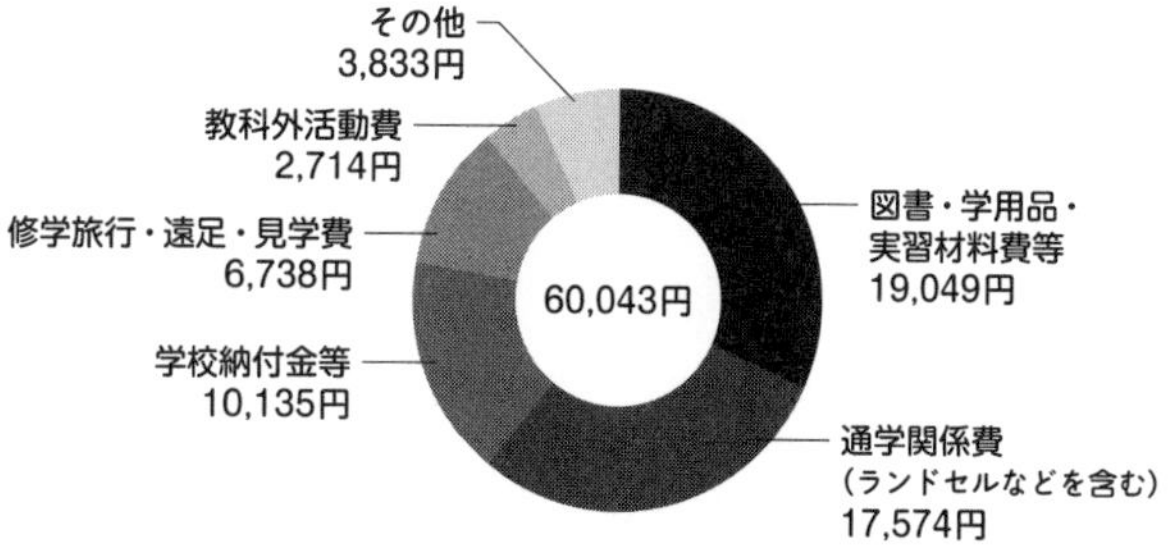

公立中学校

学校教育費：13万3640円
学校給食費：　4万3730円

年間支出の平均
合計17万7370円

学校教育費の内訳

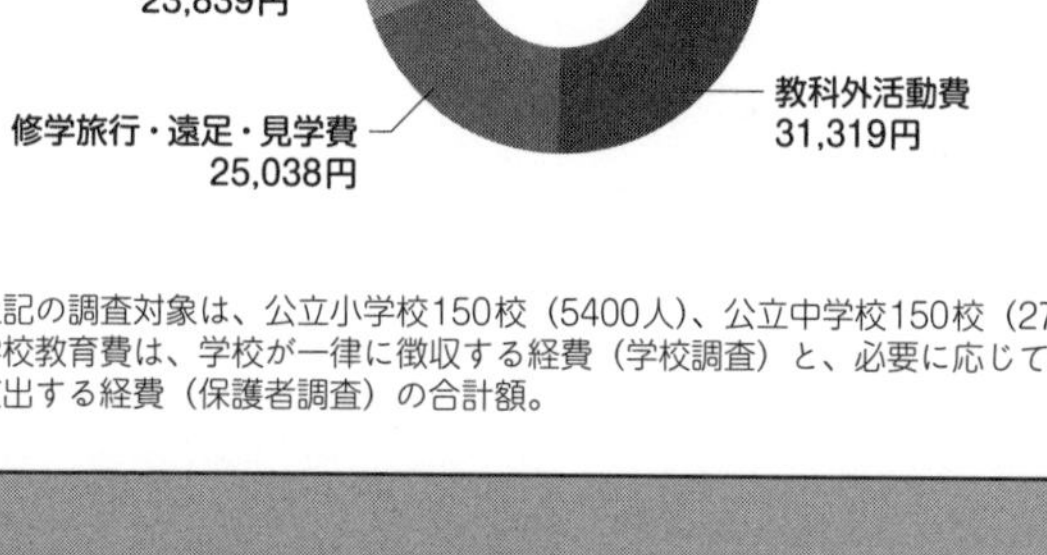

＊上記の調査対象は、公立小学校150校（5400人）、公立中学校150校（2700人）。学校教育費は、学校が一律に徴収する経費（学校調査）と、必要に応じて各家庭が支出する経費（保護者調査）の合計額。

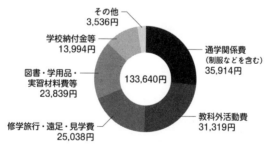

小学校6年間の私費負担例［一覧］

月	1年生	2年生	3年生	4年生	5年生	6年生
入学前	ランドセル、算数セット、道具箱、文房具、クレパス、上ばき、体操着、体育館シューズ、帽子、連絡帳袋、洗濯ばさみ、下敷き、ネームペンなど					
4	氏名印 硬筆用教材 画用紙・紙代	硬筆用教材 画用紙・紙代	硬筆用教材 画用紙・紙代	硬筆用教材 画用紙・紙代	硬筆用教材 画用紙・紙代	硬筆用教材 画用紙・紙代
5	給食費 （4・5月分） 7,600円 学級費 400円 廊下掲示ファイル 単元テスト ワーク・ドリル ノート数冊 朝顔セット 共済掛金 460円	給食費 （4・5月分） 学級費 廊下掲示ファイル 単元テスト ワーク・ドリル ノート数冊 ミニトマト 共済掛金	給食費 （4・5月分） 学級費 廊下掲示ファイル 単元テスト ワーク・ドリル ノート数冊 粘土 国語辞典 共済掛金	給食費 （4・5月分） 学級費 廊下掲示ファイル 単元テスト ワーク・ドリル ノート数冊 分度器 共済掛金	給食費 （4・5月分） 学級費 廊下掲示ファイル 単元テスト ワーク・ドリル 理科教材 裁縫セット 共済掛金	給食費 （4・5月分） 学級費 廊下掲示ファイル 単元テスト ワーク・ドリル 粘土 資料集 音楽鑑賞教室 共済掛金
6	給食費 3,800円 PTA会費 2,400円 粘土 探検バッグ 水着 運動会用品	給食費 PTA会費 生活科教材 運動会用品	給食費 PTA会費 書道セット 植物のタネ 運動会用品	給食費 PTA会費 図工教材 彫刻刀セット 理科教材 水着	給食費 PTA会費 図工教材 調理実習費 家庭科実習教材	給食費 PTA会費 図工教材 理科教材
7	給食費 3800円 夏休みワーク カラーペン 画用紙・紙代	給食費 夏休みワーク 画用紙・紙代	給食費 夏休みワーク 遠足代 3500円 画用紙・紙代	給食費 夏休みワーク 画用紙・紙代	給食費 夏休みワーク 画用紙・紙代	給食費 夏休みワーク 画用紙・紙代
8						
9	給食費 3,800円 学級費 400円 単元テスト ワーク・ドリル 球根	給食費 学級費 単元テスト ワーク・ドリル 九九カード	給食費 学級費 単元テスト ワーク・ドリル 理科教材	給食費 学級費 単元テスト ワーク・ドリル	給食費 学級費 単元テスト ワーク・ドリル 林間学校代 3万円	給食費 学級費 単元テスト ワーク・ドリル 修学旅行費 2万円
10	給食費 3,800円 通知表フォルダ ノート／粘土 遠足代 2,500円	給食費 通知表フォルダ 図工教材 三角定規	給食費 通知表フォルダ	給食費 通知表フォルダ	給食費 通知表フォルダ 校外活動費 200円	給食費 通知表フォルダ

＊「共済掛金」は、日本スポーツ振興センター共済掛金

11	給食費 3,800円 生活科教材 画用紙・紙代	給食費 遠足代 2,600円 画用紙・紙代	給食費 図工教材 画用紙・紙代	給食費 図工教材 社会科見学代 3,000円 画用紙・紙代	給食費 図工教材 理科教材 調理実習費 画用紙・紙代	給食費 画用紙・紙代
12	給食費 3,800円 冬休みワーク	給食費 冬休みワーク	給食費 書きぞめ用教材 冬休みワーク	給食費 書きぞめ用教材 冬休みワーク	給食費 書きぞめ用教材 冬休みワーク	給食費 書きぞめ用教材 冬休みワーク
1	給食費 3,800円 学級費 300円 単元テスト ワーク・ドリル	給食費 学級費 単元テスト ワーク・ドリル 図工教材	給食費 学級費 単元テスト ワーク・ドリル	給食費 学級費 単元テスト ワーク・ドリル	給食費 学級費 単元テスト ワーク・ドリル 社会科見学代 4,000円	給食費 学級費 単元テスト ワーク・ドリル 社会科見学代 3,200円
2	給食費 3,800円	給食費 図工教材	給食費 製本テープ	給食費 図工教材	給食費 図工教材	給食費 理科実験教材 卒業準備金 5,000円
3	給食費調整額 3,500円 作品バッグ	給食費調整額	給食費調整額	給食費調整額	給食費調整額	給食費調整額 卒業アルバム 9,000円
年度計	**132,000円** 給食費 (41,500円) 教材費 (14,000円) 旅行代 (2,500円) PTA会費 (2,400円) 学級費ほか (1,600円) 入学前 (70,000円)	**57,000円** 給食費 (41,800円) 教材費 (8,600円) 旅行代 (2,600円) PTA会費 (2,400円) 学級費ほか (1,600円)	**65,000円** 給食費 (41,800円) 教材費 (15,700円) 旅行代 (3,500円) PTA会費 (2,400円) 学級費ほか (1,600円)	**60,000円** 給食費 (41,800円) 教材費 (11,200円) 旅行代 (3,000円) PTA会費 (2,400円) 学級費ほか (1,600円)	**98,000円** 給食費 (41,800円) 教材費 (18,000円) 旅行代 (34,200円) PTA会費 (2,400円) 学級費ほか (1,600円)	**96,600円** 給食費 (39,800円) 教材費 (15,600円) 旅行代 (23,200円) PTA会費 (2,400円) 学級費ほか (1,600円) 卒業準備金 (5,000円) 卒業アルバム (9,000円)

【6年間の合計】 入学時に70,000円、卒業時に14,000円、
給食費248,500円、教材費83,100円、旅行代69,000円、
PTA会費14,400円、学級費ほか9,600円　　合計 508,600円

＊現物持参品をのぞいた品目。各教材費については本文を参照されたい。

中学校3年間の私費負担例［一覧］

入学前	標準服、通学カバン、スポーツバッグ、ワイシャツ、ネクタイやリボン、運動シューズ、名札、校章、ニットベスト、ソックス、ベルト、通学靴など		
月	1年生	2年生	3年生
4	体操着 ジャージ		
5	給食費（4・5月分）9,000円 補助教材費 1,800円 林間学校積立金 3,000円 アルトリコーダー 2500円	給食費（4・5月分）9,000円 補助教材費 2,200円 修学旅行費積立金 6,400円	給食費（4・5月分）9,000円 補助教材費 2,000円
6	給食費 4,500円 補助教材費 1,800円 林間学校積立金 3,000円 PTA会費 2,400円 生徒会費 1,200円 校外学習代 5,000円 水着 1,500円	給食費 4,500円 補助教材費 2,200円 修学旅行費積立金 6,400円 PTA会費 2,400円 生徒会費 1,200円	給食費 4,500円 補助教材費 2,000円 PTA会費 2,400円 生徒会費 1,200円
7	給食費 4,500円 補助教材費 1,800円 林間学校積立金 3,000円	給食費 4,500円 補助教材費 2,200円 修学旅行費積立金 6,400円	給食費 4,500円 補助教材費 2,000円
8	補助教材費 1,800円 林間学校積立金 3,000円	補助教材費 2,200円 修学旅行費積立金 6,400円	補助教材費 2,000円
9	給食費 4,500円 補助教材費 1,800円 林間学校積立金 3,000円	給食費 4,500円 補助教材費 2,200円 修学旅行費積立金 6,400円	給食費 4,500円 補助教材費 2,000円
10	給食費 4,500円 補助教材費 1,800円 林間学校積立金 3,000円	給食費 4,500円 補助教材費 2,200円 修学旅行費積立金 6,400円	給食費 4,500円 補助教材費 2,000円

11	給食費 4,500円 補助教材費 1,800円 林間学校積立金 3,000円 合唱コンクール会場代 500円	給食費 4,500円 補助教材費 2,200円 修学旅行費積立金 6,400円 合唱コンクール会場代 500円	給食費 4,500円 補助教材費 2,000円 合唱コンクール会場代 500円
12	給食費 4,500円 補助教材費 1,800円 林間学校積立金 3,000円 柔道着 4,000円	給食費 4,500円 補助教材費 2,200円 修学旅行費積立金 6,400円	給食費 4,500円 補助教材費 2,000円 卒業準備金 5,000円
1	学校給食費 4,500円 補助教材費 1,800円 林間学校積立金 3,000円	学校給食費 4,500円 補助教材費 2,200円 修学旅行費積立金 6,400円	給食費 4,500円 補助教材費 2,000円
2	給食費 4,500円 補助教材費 1,800円 林間学校積立金 3,000円	給食費 4,500円 補助教材費 2,200円 校外学習費 3,000円 修学旅行費積立金 6,400円	給食費 4,500円 補助教材費 2,000円 卒業アルバム代 9,500円
3	給食費 調整額 4,500円	給食費 調整額 4,500円	給食費 調整額 2,000円
年度計	**194,600円** 給食費（49,500円） 教材費など（26,500円） 旅行代（35,000円） 諸会費（3,600円） 入学前（80,000円）	**142,600円** 給食費（49,500円） 教材費など（22,500円） 旅行代（67,000円） 諸会費（3,600円）	**85,600円** 給食費（47,000円） 教材費など（20,500円） 諸会費（3,600円） 卒業準備（5,000円） 卒業アルバム（9,500円）

【3年間の合計】 入学時に80,000円、卒業時に14,500円、給食費146,000円、教材費など69,500円、旅行代102,000円、諸会費10,800円　合計 422,800円

千葉県A小学校（5年生）・1年間の私費負担［詳細版］

月	負担の形態	支出費目	金額	目に見える私費負担
4	一律徴収金	漢字・計算ドリル、4教科のワーク・テスト、色画用紙	2,275円	5,375円
	斡旋購入品	裁縫セット、名札	3,100円	
	現物持参品	ビニール袋、ぞうきん他		
5	一律徴収金	音楽・家庭・保健・書写ワーク、 社会科資料集、共済掛金、 和洋裁練習布、PTA会費	5,410円	5,410円
	現物持参品	サラダの材料、エプロンなど		
6	一律徴収金	ノート、図工教材、ニス	1,200円	1,200円
	現物持参品	書写道具、食品のラベル、水泳道具		
7	一律徴収金	通知表ファイル、板目画用紙 給食費	160円 12,540円	12,700円
	現物持参品	ペットボトル2ℓ、着衣遊泳道具		
8	一律徴収金	給食費	6,270円	6,270円
9	一律徴収金	漢字・計算ドリル、4教科のワーク・テスト、スポーツテスト	2,476円	3,376円
	斡旋購入品	エプロンセット	900円	
	現物持参品	歯磨きセット		
10	一律徴収金	給食費 校外学習、板目画用紙他	12,540円 3,224円	15,964円
	徴収金（希望者）	こども県展出品料	200円	
11	一律徴収金	給食費 理科セット教材、図工セット教材、サツマイモ 修学旅行積立金	6,270円 1,010円 10,400円	17,680円
	現物持参品	エプロン、レジャーシート他		
12	一律徴収金	給食費 版画、芸術鑑賞教室	6,270円 1,110円	7,380円
	現物持参品	書きぞめセット、新聞紙、みそ汁の材料（具材・みそ・煮干）、米		
1	一律徴収金	給食費 漢字・計算ドリル、4教科のワーク・テスト、学力テスト	6,270円 2,955円	9,225円
	現物持参品	おやつ		
2	一律徴収金	給食費 図工教材 修学旅行積立金	6,270円 330円 10,400円	18,200円
	希望者購入	写真	1,200円	
3	一律徴収金	給食費 調整額 校外学習	2,640円 2,440円	5,080円
	現物持参品	汚れてもよい靴、タオル		

【1年間の合計】 給食費59,070円、修学旅行積立金20,800円、教材費など27,990円　　年度計 107,860円

埼玉県B中学校（2年生）・1年間の私費負担【詳細版】

月	負担の形態	支出費目	金額	目に見える私費負担
4	一律徴収金	給食費	4,565円	4,565円
5	一律徴収金	給食費 補助教材費としてワークやドリルなどを購入する費用を一括で徴収	4,565円 5,800円	10,365円
6	一律徴収金	給食費 補助教材費 生徒会費 PTA会費	4,565円 5,800円 1,200円 3,600円	15,165円
	現物持参品	汚れてもよい服装、軍手		
7	一律徴収金	給食費 補助教材費	4,565円 5,800円	10,365円
8	一律徴収金	補助教材費	5,800円	5,800円
9	一律徴収金	給食費 修学旅行積立金	4,565円 8,000円	12,565円
	現物持参品	ぞうきん2枚、ビニール袋3枚 林間学校用品（水筒、雨具、帽子、大きめバッグ、リュックサック）		
10	一律徴収金	給食費 修学旅行積立金	4,565円 8,000円	12,565円
11	一律徴収金	給食費 修学旅行積立金	4,565円 8,000円	12,565円
12	一律徴収金	給食費 修学旅行積立金	4,565円 8,000円	12,565円
1	一律徴収金	給食費	4,565円	4,565円
2	一律徴収金	給食費 校外学習費	4,565円 2,000円	9,065円
	希望者購入	合唱コンクールDVD	2,500円	
3	一律徴収金	給食費	4,565円	4,565円
【1年間の合計】	給食費50,215円、教材費など27,700円、修学旅行積立金32,000円、諸会費4,800円			年度計 114,715円

修学旅行の費用と持ち物

小学校（1泊2日、埼玉から日光）の例

目に見える私費負担
21,600円

- 交通費　7,000円
  （有料道路や駐車料金を含む）
- 宿泊代　8,500円
- 昼食代　900円
- 見学料　1,000円
- おこづかい　3,000円
- おやつ代　300円
- 保険料　300円
- 旅行取扱手数料　600円

持ち物
（見えにくい私費負担）

普段着、はきなれた靴、腕時計、黄色帽子、名札、しおり、おやつ、水筒、ナップサック、雨具、筆記用具、ハンカチ、チリ紙、着替え（下着・靴下）、上着（長袖）、パジャマ、洗濯物を入れる袋、ごみ袋２～３枚、エチケット袋 ハンドタオル、タオル、バスタオル、洗面道具、くすり

中学校（2泊3日、埼玉から京都・奈良）の例

目に見える私費負担
66,200円

- 交通費　27,000円
- 宿泊代　19,000円
- 昼食代　3,000円
- 見学料（団体）　2,000円
- 荷物運搬費　1,500円
- 班別行動費　5,000円
  （昼食代・見学料・駐車場代含む）
- おこづかい　5,000円程度
- 写真代　700円
- 保険料　500円
- 旅行取扱手数料　2,500円

持ち物
（見えにくい私費負担）

ポロシャツ、ジャージ上下、体操着、短パン（2日分＋予備）、就寝時の服、帽子、体育館シューズ、リュック、下着、靴下、ハンカチ、ティッシュ、タオル3枚、バスタオル1枚、洗面用具、雨具、水筒、時計、財布、エチケット袋、ビニール袋、筆記用具、くすり、デジカメ、生徒手帳、トランプなど、捨てられる容器入り軽食

第4章

学校のコトとお金

部活動のつみかさなる負担

いま、部活動といったら、その過熱ぶりが話題だ。学校教育活動の一環でありながら、早朝や土日におよぶ長い活動時間が、子どもにも教員にも重い負担となっていることが指摘されている。

部活動は、活動費用の面でも問題を抱えている。運動部ならユニフォーム代や遠征費、文化部なら実習材料費や、吹奏楽部における楽器購入費や運搬費など、多額の費用が必要となり、直接・間接に保護者の負担となっている。

また、送迎やユニフォームの洗濯などの労力負担もバカにならず、家庭環境しだいで子どもが部活動に参加しにくくなる状況もうまれている。

自主参加という性質にもかかわらず全入制が敷かれたり、活動が過熱しがちだったりする状況と、公費・私費とのかかわりを中学校での事例を中心にみていこう。

実態

部活動費の会計は複雑怪奇

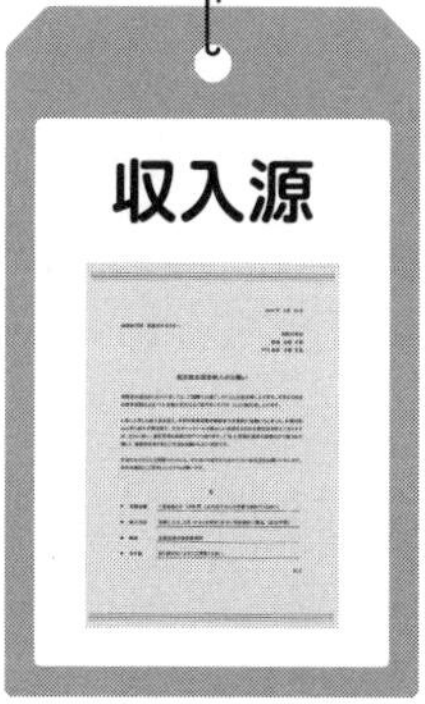

まず、部活動費の収入源をみていこう。

＊収入源１・生徒会費……多くの中学校で、保護者から生徒会費を集めている。徴収額は、月１００～３００円が多い。３００円なら、５００人在籍している学校で年間１８０万円になる。集められた生徒会費の多くが部活動費にあてられる。そうして生徒会から配当されたお金は、部活動の顧問が管理している場合が多い。

＊収入源２・部費……配当で不足する部は、「部費」として毎月決まった額を保護者から徴収することがある。さらに、遠征費や飲み物代に必要な金額も、そのつど徴収される。こうした費用の管理を、学校ではなく保護者が担っているケースもみられる。お金の流れが複雑になるため、だれからも全体が見えづらく、会計に対する透明性の確保や説明責任の充足が難しいという問題がある。

＊収入源３・助成金……たとえば埼玉県川口市では、生徒ひとりあたり年間５００円程度の公

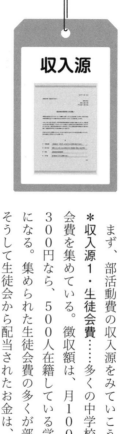

費による部活動助成がある。また、全国大会や関東大会へ出場した場合は別に助成金が出る。自治体によっては、ひとりあたり1万5000円が援助されたり、大会遠征のほぼ全額が公費で負担されたりするところもある。

ＰＴＡや後援会組織が部活動へ助成金を出すこともめずらしくない。財源は保護者から集めたお金が中心だが、この助成金は学校による金額の差がはげしい。わたしが知っているかぎりでも年間0〜200万円と大きな開きがある。

*

いずれにせよ、すべて公費では対応できず、保護者は生徒会費として徴収され（①）、それでも足りずに部費として徴収（②）、ＰＴＡや後援会費としても支出し（③）、さらにユニフォーム代や遠征費などは別途に徴収される（④）という何重にもつみ上がった支出により、

部活動費の流れ

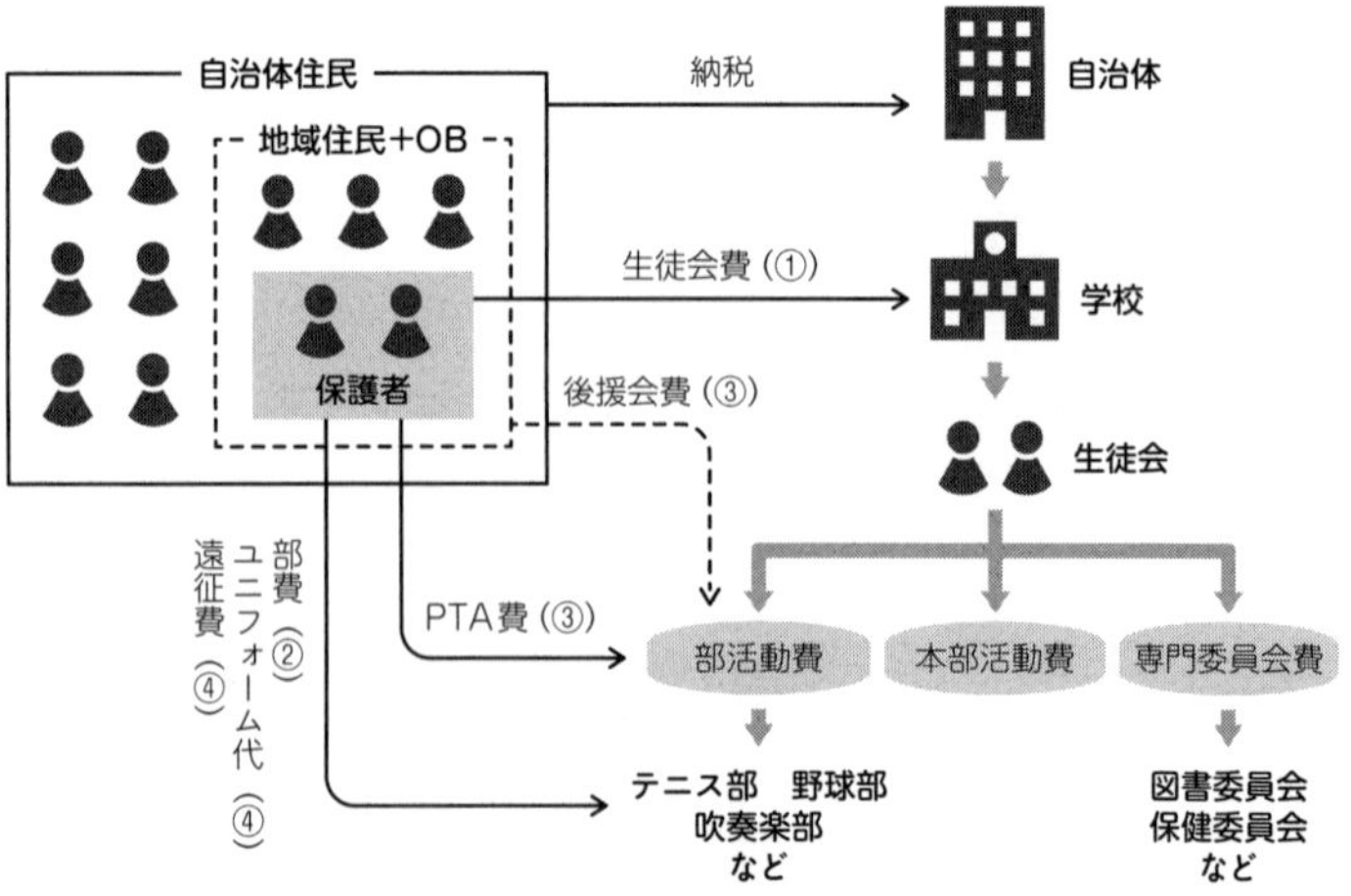

部活動はおこなわれている。それが現状だ。以下、①〜④までの費用を総称して「部活動費」と呼ぶ。

運動部の私費負担

校庭に線をひくラインカーやチーム分けの目印になるビブスは、授業でも使用されるものだが、サッカー部やバスケ部、陸上部などが部活動費を合算して別に購入していることもある。バレーボールは体育の授業でもよく選択されるので、バレー部はボールやネットを授業と共有できるが、バドミントン部では難しい。

救護用品としてコールドスプレーなどもよく買われている。保健室にある消耗品は公費で買っているのだが、運動部で備えているものは私費となりやすい。

ユニフォームやウインドブレーカーも部活動費で購入する。ユニフォームを着ないと公式な試合に出場できないこともある。運動部の場合、用具をそろえて試合に出るために、いろいろと費用がかかるのだ。テニス部や卓球部などでは、マイラケットを個人持ちで購入するのが主流のようだ。

ラインカー

ビブス

団体加盟費

運動部をたばねている組織として公益社団法人・日本中学校体育連盟（中体連）がある。Ｗｅｂサイトによれば、「全国中学校生徒の健全な心身の育成、体力の増強及び体育・スポーツ活動の振興を図り、もって中学校教育の充実と発展に寄与すること」を目的としている。２０１８年度の加盟生徒数は２０２万９６１２人で、日本の中学生の62％が加盟しているという巨大な組織である。その関連団体として都道府県・市町村にまで体育連盟がある。連盟会費は都道府県体育連盟にひとり年間１００円也。関東大会や全国大会などへの遠征費が多額となる場合、連盟から一定額が補助される——という役割もある。

また、教育委員会以外が主催する大会に出場するには、各競技団体への登録料が必要となってくる。たとえば、バドミントン部だったら、埼玉県バドミントン協会があり、その上部団体として公益財団法人日本バドミントン協会が組織されている（それぞれ、年間９００円・３００円を一律納入）。

連盟・団体費の流れ

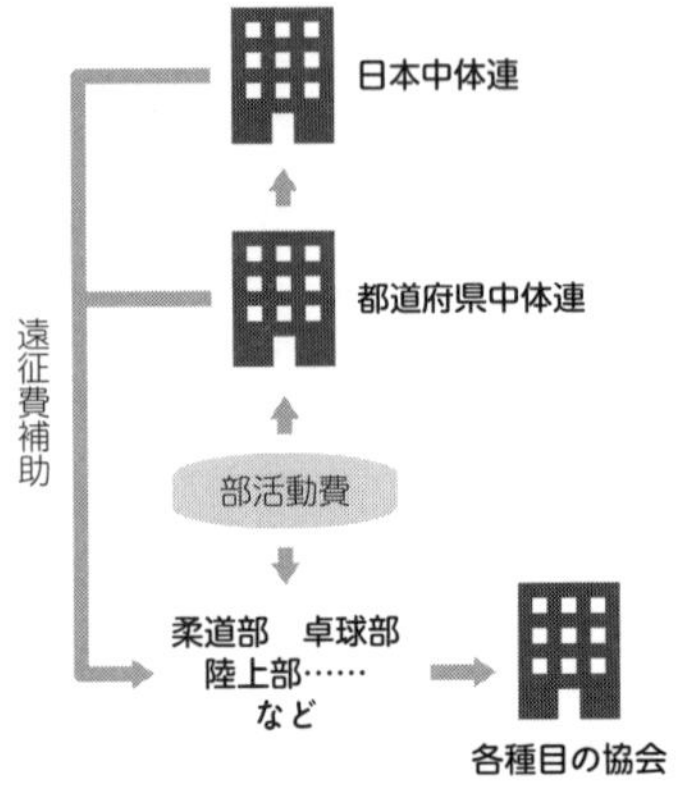

文化部の私費負担

部活動の設立要件は「5人以上の部員＋顧問」などという規定が一般的だ。運動部より文化部のほうが新規につくりやすいのは顧問の負担感の違いにもよる。教員が多い大規模校の場合、美術部や演劇部、将棋部、写真部、合唱部など、多くの選択肢がある。また、運動部の大会にあたる行事として文化祭がある。

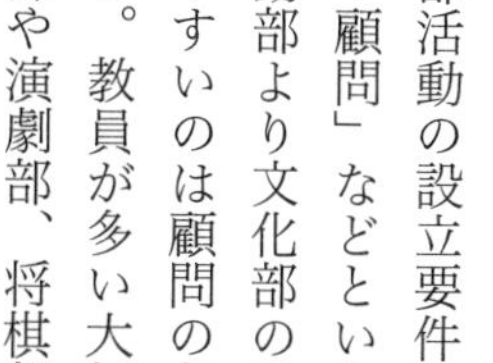

将棋盤

文化部も、備品や消耗品を授業用と兼用しやすい部活とそうでない部活がある。科学部の実験用品、合唱部の譜面台などは授業と兼用される。美術部は紙やクロッキー帳を私費購入する一方で、イーゼルなどは授業と兼用できる。

文化部のなかで費用が多くかかるといわれるのが吹奏楽部だ。まず、多数の楽器が必要だ。ひとりしか使わない楽器に高額の公費をつぎこむのは難しい。ステージ練習をおこなえば、楽器運搬費用や施設利用料もかかる。専門家がパート別指導のために数人来校することもあり、そのレッスン料まで徴収する話もよくある。そのため、保護者から集めた部活動費を毎月一定額として積み立てていることが多い。

吹奏楽にも全国組織と地域組織がある。埼玉県を例にすれば、埼玉県吹奏楽連盟が主催するコンクールへの出場から始まり、西関東吹奏楽連盟主催、全日本吹奏楽連盟主催の大会へと駒を進めていく流れがある。全国大会出場となれば、開催地によっては費用がはねあがる。

全国大会にかかる
ひとりあたりの費用
（関東からの例）

運動部・テニス：10人
3泊4日で関東から
四国へ行ったケース

交通費：		
往復の飛行機代		3万9000円
シャトルバス・路線バス代		7000円
宿泊費：	3泊6食付	2万9000円
食事代：	昼食等	4000円
その他：		
練習用コート代・大会参加費（2万5000円）を人数割り		2500円
合　計		**8万1500円**

文化部・吹奏楽：55人
2泊3日で関東から
東海へ行ったケース

交通費：		
往復の貸し切りバス代		1万4000円
宿泊費：	2泊2食付	2万2000円
食事代：	昼食・夕食等	6000円
その他：		
保険代		500円
練習用ホール・大会会場使用料（22万円）を人数割り		4000円
参加費（1団体2万円）を人数割り		≒360円
合　計		**4万860円**

保護者の労力負担

＊毎日の洗濯……スライディングキャッチ、ホームベースまでヘッドスライディング——、野球での華麗なプレイに歓声が起こる。しかし、保護者の内心は悲鳴だろう。雨天時の試合など目も当てられないほどに汚れる。泥は水に溶けないため、簡単には落ちない。「野球ユニフ

ォーム の洗い方」というWebサイトがあったり、「野球ユニフォーム用洗剤」が売られていたりするくらいだ。どの運動部であっても、毎日の洗濯が想定される。

＊自家用車での送迎……部活動での移動は公共交通機関を使うのが一般的だが、練習や試合がおこなわれるのが便の悪いところだと、どうしても自家用車の必要な場合がある。基本的に、顧問が生徒を自家用車に乗せることはない（自治体の要綱で定められていることが多い）。そのため、「車出せませんか?」という依頼が保護者に来る。そのとき、自身のスケジュールを調整する負担や、そもそも車を持っていないため立候補できない心理的負担が生じる。

＊練習・試合での給水当番……活動中の給水係を保護者がおこなうのである。当番制の場合が多く、月1回は炎天下の練習につきあうことも考えられる。これは正真正銘の肉体的負担だ。

部活動において、保護者の労力負担はときに費用負担を凌駕する。

歴史

くりかえされる部活動の過熱化

大正期から社会問題だった部活動への熱狂

中学校の部活動の歴史は、大正時代にまでさかのぼるという。当時の中等学校に陸上や野球、蹴球（サッカー）など、同好の者が自主的に集まって活動する運動部がおかれるようになり、すでに盛んだった大学の部活動にならって、全国大会なども開催されるようになったのである。

部活動の成立当初より、多くの生徒と教員が部活動に熱狂しはじめる。勝利志向がいきすぎて学業を阻害し、練習が過熱化して生徒のケガや障害にもつながっていることが批判的に報道されるようになる。

1926年には文部省も訓令を出し、対外試合によって学業に支障をきたしたり、経費が高額になったりすることへの注意をうながしたが、30年代には小学校にも部活動の過熱

1932（昭和7）年の運動部活動の設置状況

	男子中等学校 594校	実業学校 610校	女子中等学校 949校	合計 2153校	設置割合
剣道	569	508	1	1078	50.1%
柔道	476	311	0	787	36.6%
弓道	199	98	132	429	19.9%
陸上競技	550	453	517	1520	70.6%
水上競技	377	197	199	773	35.9%
ア式蹴球（サッカー）	210	52	0	262	12.2%
ラ式蹴球（ラグビー）	24	5	0	29	1.3%
野球	450	260	2	712	33.1%
庭球（テニス）	546	481	600	1627	75.6%
排球（バレーボール）	175	81	563	819	38.0%
籠球（バスケットボール）	213	127	451	791	36.7%
漕艇（ボート）	73	25	3	101	4.7%
スキー	72	48	56	176	8.2%
スケート	10	8	8	26	1.2%
卓球	47	114	424	585	27.2%
相撲	155	166	0	321	14.9%
その他	210	220	403	833	38.7%

中澤篤史『運動部活動の戦後と現在』（青弓社）より

化が拡大した。

昭和に入り戦争の色が濃くなると、皇国民錬成という雰囲気のもとに運動部活動も再編されていく。野球、サッカー、テニス、バスケットボールなどが「敵性スポーツ」として廃部に追いこまれ、戦争にかかわる技能・体力を向上させる訓練にとってかわった。対外試合も、挙国一致の精神修練の場として位置づけられていったが、戦況が悪化すると、大会自体が廃止されていった。

戦後になると、1947年にはじめて出された学習指導要領（試案）に「自由研究」がおかれた。これは、小学校4年生以上では教科であり、中学校では選択教科であった。児童・生徒の興味・関心にもとづく自主的な活動とされたこの教科に、異年齢集団による、いわゆる部活動のようなものが位置づけられた。戦後当初、部活動は教科の一部だったのである。

このころは、戦前の過熱化に対する反省からも、対外試合を控える、宿泊をともなう大会参加はおこなわない、といった方針が文部省より示された。戦後の混乱もあり、施設・設備、経費はもちろん、指導者も十分におらず、この時期の部活動は教科でありながら十分に実施されたとは言いがたかった。

オリンピックで再来した勝利至上主義

そのような情勢が変わるのは、日本が戦後はじめて参加したヘルシンキオリンピック（1952年）が契機である。オリンピックでの好成績を望む競技団体が、対外試合や全国大会の増加を求め、ふたたび部活動は対外試合における勝利至上主義の波に巻きこまれていったのだ。1964年の東京オリンピック開催によって、この波がピークに達したことは説明するまでもない。1955年段階では実質的な部員数は生徒の2割から3割程度とされていたが、オリンピック熱により部活動は急速に活性化していく。宿泊も含めた対外試合参加が認められるようになり、大会参加にともなう経費負担を最小限にすべきという文部省の通知の趣旨も撤廃された。

時をほぼ同じくして、1951年に改訂された学習指導要領（試案）では、先の「自由研究」という教科が廃止され、かわりに小学校では「教科以外の活動」に、中学校では「特別教育活動」という領域に含まれることとなった。さらに1958年改訂の学習指導要領では、小学校・中学校ともに「特別教育活動」という領域のなかに、部活動と趣旨の似た「クラブ活動」が位置づけられることとなった。

この1958年学習指導要領は、それまでのものとは異なって「告示」形式をとり、児童・生徒の自発性・自主性を本旨とするクラブ活動であるはずなのに、法的拘束力をもってその実施が強制されるというおおいなる矛盾をはらむこととなった。この矛盾の下で、クラブ活動実施が多くの学校に拡大していった。しかし、設備・経費の不足は変わらず、1967年の朝日新聞では部活動実施上の経費が生徒会費やPTA会費に依存していることが指摘されている。加えて、対外試合の拡大にともなう遠征費用が経済的負担としてさらに家庭にのしかかっていった。

裏目に出た「必修クラブ」の分離

部活動の性格にかかわる大きな変更がおこなわれたのが、１９６８～69年の学習指導要領改訂である。「特別教育活動」を再編した「特別活動」という教育課程内の領域に、小学校４年生以上と中学生は全員参加する「クラブ活動」が設けられたのである。これは、「必修クラブ」化といわれる。

　これにともない、「部活動」は教育課程外に別建てとなり、生徒・教師ともに〈自主的〉におこなうものという建前が成立した。これは、教師の放課後の部活動手当不払い（すなわち無償労働）を正当化するものとしても作用した。そして同時に、〈自主的〉活動にかかる経費は保護者負担でよいとの考え方を促進させたとも

部活動の学習指導要領上の位置づけの変化

学習指導要領の改訂年／実施年度		1968／1971	1977／1980	1989／1992	1998／2002	2008／2011
小学校	教育課程	クラブ活動 [必修、週1回]	クラブ活動 [必修、適切な時間数]	同左	クラブ活動 [必修]	同左
	教育課程外	部活動 (特設クラブ活動)	同左	同左	同左	同左

学習指導要領の改訂年／実施年度		1969／1972 (中学校) / 1970／1973 (高校)	1977／1981 (中学校) / 1978／1982 (高校)	1989／1993 (中学校) / 1989／1994 (高校)	1998／2002 (中学校) / 1999／2003 (高校)	2008／2012 (中学校) / 2009／2013 (高校)
中学校・高校	教育課程	クラブ活動 [必修、適切な時間数]	同左	クラブ活動 [必修、適切な時間数]	――	――
	教育課程外	部活動	同左	↑代替 部活動	部活動	部活動 [教育課程との関連づけ]

内田良『ブラック部活動』（東洋館出版社）より作成

考えられる。

しかし、子どもの興味・関心にこたえる多様な必修クラブを用意するには学校への設備予算は貧弱すぎ、部活動で使用していた設備でクラブ活動を実施する学校が多かった。また、必修クラブは週に1回、1時間程度で指導が成立しにくく、必修クラブと部活動で同一種目に子どもを参加させている学校も半数以上にのぼった。

こうして、必修クラブ制度はむしろ、部活動の盛況をうながす結果をもたらした。また当時、私立高校においてスポーツ推薦入試が、公立高校においても推薦入試が始まり、中学までの部活動で好成績を収めていることが将来の進路につながることとなり、こうした背景もますます部活動を過熱化させた。

あまりに部活動が盛況であったため、文部省は中学校について、部活動への参加をクラブ活動の履修に替える部活代替措置を1989年の学習指導要領改訂で認めた。実際に部活動への代替措置を全面的におこなった中学校は60%強にのぼる。

この代替措置が子どもたちに与えた影響は大きかった。19

性別でみた戦後の部活動加入率の変化

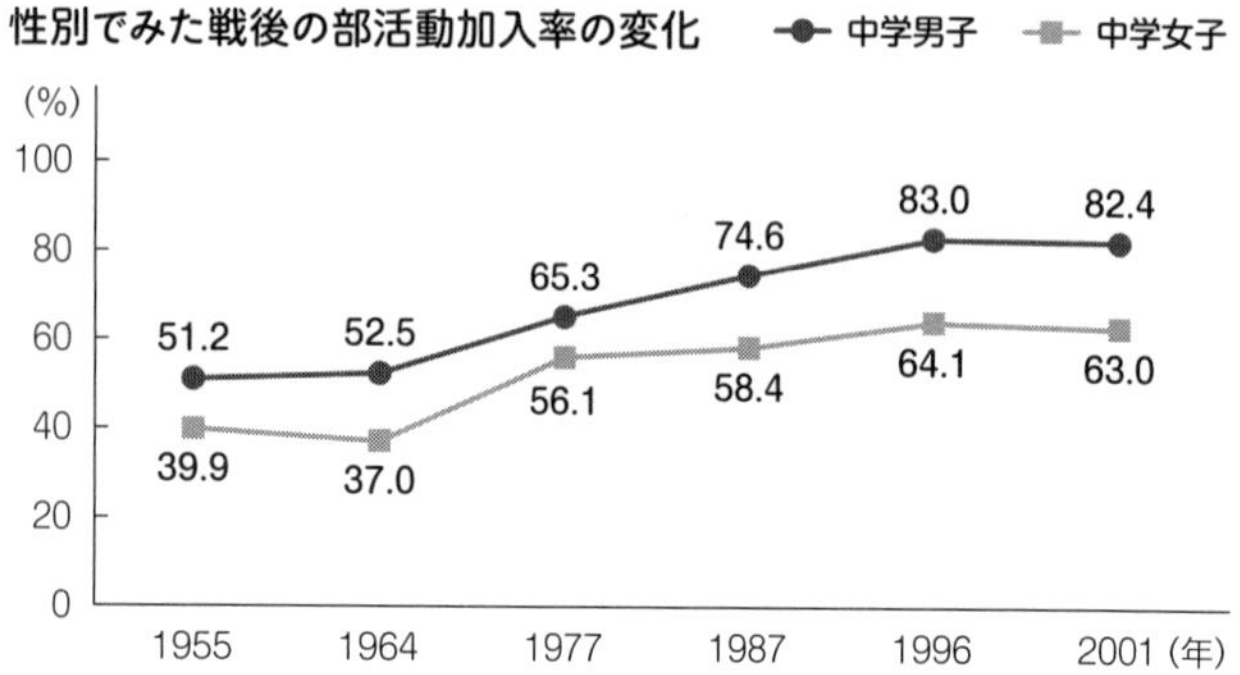

中澤篤史『運動部活動の戦後と現在』(青弓社)より

90年代においては、必修クラブの時間を節約するため、部活動への〈全員加入〉の方針がとられることとなったのである。1998年には学習指導要領改訂で中学校でのクラブ活動規定は廃止され、自動的に部活代替措置も、また部活動についての言及もなされなくなったのだが、中学校での部活動〈全員加入〉は多くの学校や地域で慣習として残ったままの状態といえる。現在も都道府県や市町村によっては部活動加入率がひじょうに高いところが存在する。

費用負担の面で、〈全員加入〉の文化がもたらした弊害は大きい。たとえ経済的事情が苦しくてもいずれかの部活動に入らなければいけない局面では、「本当は○○部に入りたかったけど、お金がかかりすぎるから△△部に……」「とくに入りたい部活動はないけど、入らないといけないみたいなのでひとまず□□部に……」という不幸を生んでしまう。と同時に、〈全員加入〉の文化の改革が、現状を改善する鍵となりうるはずだ。

理念

「自主性」を基礎とする部活動

「自主参加の習い事」が公立学校にある意味とは

部活動の起こりは、同好の者が自主的に集う活動であった。その後、いわゆる「必修クラブ」と対比される自主的活動として部活動はその固有性を獲得し、中学校では「必修クラブ」が消えてもなお、部活動は根強い人気を得て存在しつづけている。つまり、部活動の本質は「自主性」にある。

しかし、部活動は〈全員加入〉であると、実質的に多くの学校でみなされている。自主性の原則に立つならば、入部の選択は子ども自身の興味・関心に委ねられるし、どの部活にも入らない、いわゆる「帰宅部」も選択できて当然である。このような子どもの選択に付随して、費用負担のありかたも決まっていく。

現状どおり、基本的な構成員をその学校の児童・生徒とし、顧問はその学校の教職員であることを想定しても、児童・生徒は〈自由加入〉で、顧問も真に〈自主的〉に引き受けているとなれば、その部活動の性格は、学校という公共施設を利用している地域のクラブチームやサークルとほとんど変わらないことになる。学校に備えつけられている設備を利用して練習・活動などをおこなうが、ボール、シャトルなどの消耗品や、水着、絵の具や自分用の楽器などの個人持ち道具については、基本的にその活動に参加する子どもの保護者負担となるのは、いたしかたないであろう。部活動の種類により、保護者が多額の経済的負担を負うものと、そこまででもないものがあるが、これも含めて〈自由加入〉であると考えるしかない。

しかし、こうした経済的負担の多寡により、子ども自身が「本当は吹奏楽がやりたいけど、この学校ではとてもお金がかかるから、合唱部にしよう」といった我慢を強いられている可能性は自覚しておく必要がある。そのため、いくら〈自由加入〉にともなう経済的負担であったとしても、なるべく負担は軽く、子どもが経済的事情を心配せずに参加できるように部活動を運営していく必要はある。

そこで問題となるのが、現在一般的となっている、生徒会費から各部への予算割り当てや、PTA・後援会からの援助金である。

割り当ての不平等感と、後援団体のむりやり感

まず前者の生徒会費だが、第1節の「実態」編で述べられたように、保護者から集金し、その多くの部分を、各部の活動予算として割り当てる運用が一般的になされている。より出費が多く、部員の多い部に予算が多く割り当てられ、そうでない部は予算が少なめになる傾向がある。

しかし、会費は「生徒会活動のため」と一律集金されているにもかかわらず、それが部活動にまわされたうえ、部によって割り当てられる予算が異なるという状況は、不公平・不透明との批判を免れないだろう。保護者からしてみれば、生徒会費の納入は有無をいわせず求められるにもかかわらず、その会費がわが子の部活動ではなく、別の部活動に流れているようにも見える。もし生徒会費を一律に集金するのであれば、子どもたちが一律に参加する生徒会活動そのものにのみ、その会費はあてられないと、不公平感はぬぐいがたい。部活動の費用が人数なり活動の性質なりで傾斜配分される必要があるにせよ、「生徒会費」からは独立されたルートで集められた費用を、その必要性にもとづいて配分額が決定されるような手続きが担保される必要がある。

同様に、生徒会費からの予算割り当てと、各家庭負担をもってしてもまかなえないような出費にな

った場合に登場する、ＰＴＡや後援会の費用負担のありかたについても問題はある。たとえば、「吹奏楽部が全国大会へ出場！」となれば、これ自体は喜ばしいニュースだ。しかし、楽器運搬料、会場費、参加費用、審査料など年間計画にはなかった（しかも多額の）出費が突然発生する。すでに各家庭の費用負担は限界を超えている状況だ。あるいはまた、その学校にはなかった部活動の新設にあたっては、設備や備品をそろえる必要があったりする。そのさいに、「子どもたちのためにご支援いただけませんか」といわれるのが、ＰＴＡや後援会である。これが、後者の援助金問題だ。

ＰＴＡや後援会が純粋に自由加入の団体であって、その会費の使い道や援助先の選定について、各団体のなかで合意があれば何の問題もない。しかし、実際には、多くのＰＴＡは子どもの入学すなわち入会という〈強制入会〉となっている現状がある。また、後援会に関しても、「学校全体の活動全般」を後援するタイプと「部活動のみ」あるいは「部活動の種類ごとに」後援するタイプなど、いくつか種類がある。いずれのタイプも、入学・卒業・入部といったタイミングで、子どもが在学している保護者がなかば自動的に入会させられる状況もある。

また、後援会は「後援」自体が会の存在目的であるが、ＰＴＡの場合はそうではない。〈自主入会〉にしたうえで、さらにＰＴＡ会費の使途についても会員の合意を得る必要がある。つまりは部活動に対する費用負担もまた、基本的には〈自主性〉が原則でなくてはならない。

費用負担と同様に、現在、保護者に問答無用でかけられている送迎・洗濯などの労力負担も〈自主性〉をテコに軽減していくことが求められるだろう。保護者の過重な労力負担があることにより、家

部活動の実態と本来のあり方

	実態	本来のあり方
部員加入の原則	ほぼ全員加入	自由加入
教師の参加	ほぼ全員が顧問になり 各部に割り当てられる	自主的に顧問となる
生徒会費の使途	多くが部活動へ 配当される	生徒会活動のみに 充当する
PTA・後援会による寄付	合意なしに寄付 (実質 強制入会)	援助項目ごとに合意して 寄付(自主入会)
保護者の私費負担	多い/肥大化の傾向	最低限にとどめる
保護者の労力負担	重い/義務的な 割り当てになりがち	軽い/できるだけ 任意で参加する

庭の事情から子どもが自分の入りたい部を選べないこともある。保護者が全面協力をしてくれなければなりたたない部の運営方法は、はじめから入部できる子どもを選別しているのと同様ではないだろうか。

どの子も自由にアクセスできる部活動に

最後に、こうした説明を聞いて、「それでは部活動は、地域のスポーツクラブやサークル、習い事と何が違うのか」と感じた人もいるだろう。その他の面はともかく、わたしは、費用負担の〝仕組み〟の面ではほとんど変わらないだろうと考えている。もちろん、指導者の専門性や組織目標などは異なるかもしれない。しかし、いずれも子どもが「これに取り組みたい」という気持ちを基盤としてその活動に参加している点で、〈自主性〉という共通項が両者にはあるはずだ。保護者はその気持ちをはげますために費用負担を背負わざるをえない。子ども本人が費用を出すことはできないからだ。

しかし、費用面で部活動には、学校にある設備が無償で活用できるという大きなアドバンテージがある。また、習い事であれば、その専門の講師に保護者が指導料を支払わねばならないところ、学校の部活動では顧問の教員あるいは部活動指導員への報酬は基本的に行政機関が責任を負う。

やはり、学校の部活動は相対的に「割安」だ。だからこそ多くの子どもたちが、みずからの興味・関心に対して素直な気持ちで、はじめての競技・種目や活動に挑戦することが可能となりうる。

そのためにも、部活動にともなう保護者の経済的負担・労力負担は最低限とする努力が求められる。部活動にかかわる費用負担を正常化していくことは、子どもたちの部活動へのアクセスを保障していくことにつながるはずだ。

対策 部活動費の透明化と負担減

現在、部活動費は公費・私費を問わず、複数のルートから収入を見込んでいる。負担した側には状況もわからないまま、部活動費に流れている状態もよくある（ＰＴＡ会費や後援会費からの自動配当）。

さらに、支出にも根拠が見えにくく、透明性が高いともいえない。また、労力負担も意外と多いことがわかっている。収入や支出の根拠、総合的な負担軽減の工夫が必要であり、見直していくべきことは多い。

生徒会費用と部活動費用を分離する

部活動費のもっともポピュラーな配当方法は、生徒会費として保護者から徴収された私費を、部員数に応じて分配する方法だ。生徒会費の多くが部活動費にあてられている現状は、この章のはじめに述べたとおりだ。以前わたしが勤務していた学校では、全体の80％程度が部活動費であり、残りの20％で専門委員会や生徒会独自の活動をおこなっていた。

生徒会活動は、大がかりなイベントを企画しないかぎり、それほど大きな出費はない。活動でポスターに使う画用紙や、学校によっては行事への補助金や生徒手帳の費用があるくらいだ。専門委員会の活動は、図書委員会が図書室の使い方を啓発したり、保健委員会が健康について調べたことを発表したりするのが中心だ。支出としては、図書委員会では図書室の本を整理するためにラベルや保護用フィルム、体育委員会ではボール、保健委員会では温度計などが購入されている。こうしたものはすべて公費で購入可能なものばかりである。生徒会費からお金が配当されるので、そこから何かを買うという慣習になっているにすぎない。

まず、生徒会費と部活動費を分けることが出発点だろう。その場合、部活動費という新たな費用徴収が生まれてしまうことになるが、一方で、生徒会費を撤廃し、必要最低限の生徒会経費を公費で予算化することができる。小学校で児童会費を保護者から徴収していることは、ほぼない。中学校の生徒会も、自主的活動である部活動費が抜ければ、すべて公費対応が可能である。

こうした前提をつくることで、「生徒会=全員」「部活動≠全員」という、そもそもの理念を実装化できる。

一方、現在の状態で部活動費に関する対策・対案を示すとしたら、①だれが管理するのか、②どこから配分されるのか、③何を購入するのか、という3つの視点が考えられる。

部活動費も、透明性ある予算と執行を

まず、①だれが予算と入出費を管理するのか。学校が管理する場合は、生徒会担当教員や各部の顧問が多いだろう。保護者が管理する場合は、各部の保護者代表や保護者会のような組織が管理していることが多い。前者は、学校給食費や補助教材費に準じたかたちで管理され、統括的に事務職員のかかわりもあるが、後者は、地域クラブチームのような感覚だとしても、学校徴収金を保護者が管理することに近く、現状では問題だと考えられる。

地域が運営する部活動――学校の負担は減らし、会計とあわせて移管する――というアイデアに反対しているわけではない。しかし、現時点では、中学校の部活動は教育課程外ではあるが、学習指導

要領の総則で「学校教育活動の一環として」おこなうものと記述されている。活動に要する徴収金は教職員が校務として処理すべき性質のものであり、適正で透明性のある執行と、保護者の費用負担軽減に努めることが求められる。

また、学習指導要領の総則では、部活動について「スポーツや文化及び科学等に親しませ、学習意欲の向上や責任感、連帯感の涵養に資するもの」であり、「各教科等の目標及び内容との関係にも配慮」するとしている。費用面に着目すれば、授業で使用する教材との関連が考えられる。可能な範囲で公費による整備を進め、保護者に費用負担をお願いする場合でも、学校で統一的な部活動費の徴収・管理に関するルールを定めることが大切である。

たとえば、授業参観のあとに学級懇談会がよくおこなわれるが、部活動参観のあとにも部活動懇談会をおこなうとよい。顧問と保護者が情報の交換や共有などを目的に実施し、かならず部活動費に関する内容も話題にあげる。そして、可能ならば年度初めと年度末に実施し、執行計画と決算報告ができれば、部活動費に対する説明責任を果たすことにつながっていくだろう。

「例年どおり」「人数割り」を見直す

つぎに、②予算はどこから配分されるべきなのかを考える。「実態」編では埼玉県川口市の例を出したが、ほかの自治体でも部活動費に公費をあてているところはある。一律配当ではなく、全国大会に出場した場合のみ費用の一部を公費で支出する、楽器の運搬費は公費でもつなど、方法はさまざまである。教育課程との関連を書いた学習指導要領と一貫した扱いを求め、公費で保障する部分を広げていくことが、めざすべき方向であると考える。しかし、理想論だけ述べてもしかたないので現実を検討していこう。

現在、保護者や保護者組織が部活動費を負担しているのは、部活動が費用をともなうもので、公費の配当が十分でないため、どこからか捻出しなくてはならないからである。このことを承知したうえで対案を出すなら、まずは部活動費としての大づかみな徴収ではなく、必要に応じた徴収を基本にするということである。

保護者から直接徴収する費用は個別の支出（ユニフォーム代5000円、ウインドブレーカー代1万円など）だが、生徒会・PTAなどから流れてくるお金は一括（人数割りでテニス部50人だから5万円、卓球部10人だから1万円など）のことが多い。個人ではなく組織からの場合は、すべての子どもへ平等に還元するために人数割りをしていると考えられるが、そこは部活動ごとに必要経費の違いもあり、要求制にしたほうが有効に配分できるのではないだろうか。もしくは、人数割分と要求分を分割して配当してもよいだろう。いずれにしても、各部がPTAや後援会に対し、活動内容に関する費用要求をおこない、配分の方法を見直すことを求めてもいい。

PTAや後援会で、年に1度は総会がおこなわれる。その場ではかならず決算報告がされるため、そこで意見を出せる。もちろん、部活懇談会などで費用に関するヒアリングをおこなうのもよい。「何に使いたいからいくらほしい」――これはすべてにいえる基本中の基本だ。

どこまで「そろいのユニフォーム」にするか

最後に、③何を購入するのかという視点を考えたい。すでに学校備品となっているモノは、あえて部活動用として購入する必要はない。ラインカーなどは「サッカー・バスケ・陸上部の共有備品」などと管理してもあまり意味がないと感じる。授業用を兼用すればよい。しかし、消耗品に関しては、授業で使うものであっても難しい判断が必要となる。たとえば、石灰（校庭に線を引く白い粉）などの購入はどうするか。公費配当基準は自治体により差があるため、消耗してしまうモノをどこまで公費で購入可能かは一概にはいえない。

自治体が標準運営費を示している場合、そこから外れた項目の予算を学校が要求するのは困難だ。たとえば、愛知県名古屋市の学校標準運営費には、部活動費は算出されていない。ここをあらためるには、自治体の判断自体を変えさせる必要がある。

私費での購入が避けられないものについても、何をどう購入するかを精査する余地がある。たとえば、バスケットボール部ではユニフォームとして、正規のウェアの上下がそろっていなければ試合には出られない。しかし、両方を購入するのは費用面で負担が大きいため、以前の勤務校では生徒会から配当された部活動費でハーフパンツを購入し、斡旋購入させるのはユニフォームの上のみとした。

ラケットやバットなども兼用することができれば出費を少し緩和できるが、やはりテニス部や卓球部はマイラケットが主流である。練習は体操着やジャージでもよいはずだが、練習用のウェアを購入している運動部は多い。そうした点も費用面からは検討されるべきだろう。ウインドブレーカーが必要なのか？　そろいの練習着が必要なのか？　合唱部でウインドブレーカーを購入した話も聞いたが、理解に苦しむ。

「がんばりすぎない努力」で労力負担を減らす

ユニフォームの洗濯問題は解決方法が見あたらない（笑）。――と言いきるのもアレなので、少しだけ思ったことを書いてみる。

まず、「そこそこ汚れが落ちていればよい」というコンセンサスをとり決めることだろうか。一番キレイなユニフォームはだれだ！　という対決が保護者のあいだで起こると、「そこそこ派」も子どものためにがんばってしまう。そのため、がんばりすぎない努力をしていくことを提案したい。キレイなユニフォームならホームランが打てる、ゴールが決まる！　なんてことはない。保護者のなかで「そこそこ派閥」を広げていくこと、顧問も「汚れ落とし戦線」を扇動しないことが解決の第一歩だろう。

つづいて送迎・現地対応問題である。そもそも、すごく仲がいい友だちばかりではないのが部活動仲間であり、その延長線上に保護者同士の関係もある。「車が汚れたっていいよ〜」なんて気軽に言ってくる保護者は多いだろうが、本心はわからない。費用負担は増すが、事故などのリスクも考えると、基本的には、公共交通機関で移動することを考えるべきだろう。

公共交通機関で行くのが難しいような場所への遠征については、その部活動の性質にもよるが、その遠征自体が本当に必要不可欠かどうかの再検討を顧問に求めていくこともありえる。部活動の歴史をみれば、遠方への移動をともなう合同練習や練習試合・大会は、だれかが意識していないと、勝利至上主義・努力至上主義の下でどんどん拡大してしまうことがわかる。教員と子ども双方のゆとりを実現するための部活動改革を文部科学省が主導して進めている現在、送迎必須の遠征を控えてほしいという要望は、けっして無茶とはいえないはずだ。

また、子どもの部活にあわせて家族の予定を組んだり、変更したりしなくてはならない場合も生じ、それも保護者にとってはストレスとなる。送迎だけなら数時間かもしれないが、給水係となるとそうはいかない。子どもの体調には万全を期す必要があるが、過剰にならないボーダーラインを顧問は保護者とともに考えることが求められる。

第5章

学校のコトとお金

学校給食は福祉か教育か

義務教育で保護者から徴収される費用は、慣習で決まっていることが多いことをみてきた。しかし、学校給食費（以下、「給食費」）にはめずらしく、その徴収根拠となる法律、学校給食法がある。

この法律には学校給食（以下、「給食」）を実施するにあたっての7つの目標まで書かれている（同法2条・178ページ参照）。また、学習指導要領にも給食に関する定めがあり、給食も重要な教育活動である。

そのはずなのだが、全国の義務教育諸学校すべてで給食が実施されているわけではない。とくに中学校では約7%の学校で実施されておらず、同じ関東地方のなかでも、千葉県の100%実施に対し、神奈川県では45%ほどと、大きな開きがある（文部科学省・学校給食実施状況等調査、2018年度の実態）。それはなぜか——。給食の実施は法令上も努力義務にとどまり、自治体の判断にまかされているからだ。

この章では、給食の理念をふまえて、その費用負担のあるべき姿（カタチ）を考える。

実態

集金袋方式から公会計へ

調理方式

給食の調理方式は自治体や学校によってことなる。

自校方式では、学校敷地内に調理室が設置され、そこで調理をおこなう。センター方式は、数校から十数校分の調理を担う給食センター（共同調理場）が自治体内に設置され、調理済みの給食が毎日、各学校へ配送される。

親子方式は、自校方式とセンター方式の中間的なもので、調理場が設置されている学校を親として、子となる学校へ配送がおこなわれる方式だ。いずれも、調理する職員は、非常勤雇用や民間委託が増えつつある。デリバリー方式は、完全に業者委託のいわゆる「お弁当給食」である。利用する・しないを選択できる場合もある。

給食実施にかかる費用として「食材料費」「水道光熱費」「施設設備費」「人件費」があることは想像できるだろう。これらの費用負担者は、学校給食法で決まっている。施設設備費（修繕費ふくむ）と人件費については、学校設置者である市町村が負担するとされ、それ以外の費用は保護者負担と書かれている（学校給食法11条および施行令2条）。だが、「水道光熱費」は1973年に文部省から学校設置者負担が望ましいという通知が出され、じっさいに市町村が負担している。その結果、保護者から現在徴収している額については「給食費＝食材料費」となっている。

集金方法

文部科学省の調査によれば、公立の小中学校で保護者が負担している給食費は、小学校の年間平均で約4万8000円、中学校で約5万4000円となっている（学校給食実施状況等調査・2018年）。それぞれ年に190日前後の給食実施日があり、1食単価を計算すると小学校で約250円、中学校で約290円だ。

多くの場合は年間費用を11か月で割り、月額にならした額を徴収している。最終的には欠食日数なども勘案され、単価×各自の喫食数で精算される。

学校給食費の費用負担

（1食単価は神戸市中学校の例をもとに）

費用区分	人件費・施設設備費	水道光熱費	食材料費
負担者	自治体（公費）	自治体（公費）	保護者（私費）
負担根拠	法律	通知	法律
1食あたりの費用	330円		300円

＊集金方法１　集金袋で学校に持参

もっとも古くからある方法で、一時減少したが、現在は未納対策としてまた増えてきているようだ。ただ、給食費の管理や督促は教職員にとって大きな負担であり、教職員が給食費の管理をさせられるのは違法だ！　という訴訟も起きている（藤沢市立小学校給食費事件）。訴えは棄却されたが、判決文は自治体が公会計として集金するのが本来のあり方であるとも述べている。

＊集金方法２　学校が保護者の口座から引き落とす

小学校入学前の説明会で、学校最寄りの金融機関に口座を開設してもらい、口座引き落としの登録をしてもらう。それを受けて事務職員は、金融機関が指定する方法でデータを構築し、設定をおこなう。保護者の指定した金融機関から学校口座へ直接振替がされるため、現金事故が起こりにくいメリットはあるが、集金袋が届くという支払いの実感が薄くなるため、未納はどうしても増える。

＊集金方法３　自治体が保護者の口座から引き落とす

手続きの流れは２とほぼ同じだが、指定金融機関の幅に大きな差がある。自治体の場合は、扱える金融機関も多く、学校の最寄りだけではなく、自宅の最寄りが選択できるため、入金に行く手間などはこちらのほうが容易である。未納の通知も自治体から直接保護者へ送られる場合がある。

学校設置者である自治体が集金し管理する方法を「公会計」とよび、それ以外を「私会計」

と総称する。公会計の場合は、公金化されることが多く、税金と同様に給食費は自治体の歳入として予算化され、歳出として支払われる。私会計の場合は、校長の名で給食費を集金・管理し、支払いをする。

＊集金方法４　プリペイドカードなどを購入する

給食回数券と表現したほうがわかりやすいかもしれない。10～20枚綴りになっている回数券や磁気カードをあらかじめ購入しておき、券と交換で給食が提供されるシステムだ。プリペイドカード発行機に入れられたお金の管理を学校がおこなえば私会計であり、自治体職員がおこなえば公会計となるだろう。

この方法では、弁当の持参も想定されている。券を買って給食を利用するか、弁当を持参するかという選択だ。このシステムを導入すると未納問題がなくなるため、一見よいシステムに思えるが、少なくとも中学校までの給食は教育活動の一環であり、たんなるランチではない点から考えると、疑問が残る。

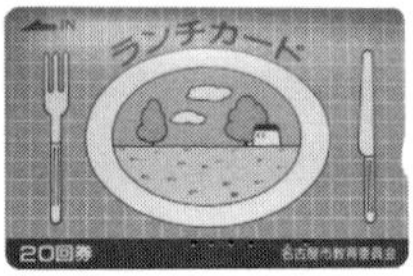

給食プリペイドカード

＊集金方法５　保護者が業者に直接支払う

デリバリー方式をとっている学校に多い方法で、コンビニ決済などの手段が使われる。この場合、学校も自治体も、お金の流れにかかわらない。

先の文科省の調査によると、給食費を公会計としている自治体は全国の39・7％で、そのほかの60・3％は私会計である。

２０１６年６月に文科省は、学校現場の負担軽減と業務改善を理由に、給食費の集金業務を各学校から地方自治体の業務とする見解を示し、18年には都道府県と政令市の教育委員会へ「学校徴収金の徴収・管理を学校ではなく、教育委員会事務局や首長部局が担っていくこと」と通知した。これにより、今後は公会計へと移行する自治体が増えていくだろう。

精算・返金

給食費は月平均額での徴収が基本であると述べた。１食単価の設定はあるが、４月は○回、５月は△回のように、月回数で計算している学校は聞かない（非常勤職員などには、この精算方法もとられる。――そう、教職員も給食は食べる。もちろん給食費も払っている）。

一般的には、年間喫食数を下まわらないように徴収しているので返金が生じる。運動会や修学旅行など、あらかじめ食べないことがわかっている日は、学校ごとや学年ごとで提供をストップさせる。ここまでは当然のこととして理解できるだろう。

では、病欠などによる欠席者はどうか。家庭では、牛肉を人数分購入して帰ったのに、だれかが「今日、夕飯いらないから」――という事態はよくあることだ。そんなとき、ドタキャンした家族に費用を請求することはないし、お店に返品することも考えないだろう。しかし、給食ではそうもいかない。毎日何万食も提供するような自治体では、食材の発注は実施日の4～5日前にはおこなう。そのため、食材の発注前であることを基準に、返金可のリミットを定めており、それまでに申し出れば、どんな事情でもそのぶんは返金される。自校調理校の場合は、もう少し間近でも止められることがある。

予測されている長期欠席の場合は、早めに学校へ連絡すれば、無駄に給食費を請求されることはない。不登校の場合も考え方は同じであるが、学校側は「いつでも来られるときは来てほしいし、そのときには給食も食べさせてあげたい」という気持ちが強いため、「お子さん、学校来てないし、給食止めますか？」と言いだしにくい。給食停止の申請方法は周知しているため、言いづらいかもしれないが、保護者から一報したほうが学校は助かるだろう。

自然災害・インフルエンザなどの理由で学級・学校閉鎖となり、給食が提供できないという事態もある。多くが予測不可能であり、事前に食材の発注をストップさせることはできない。その場合、給食費はどのような対応がされるのか――。この対応は自治体によって規定がまったくちがう。学年閉鎖や学級閉鎖により給食を実施しなかったときに、給食費を減免できるとしている自治体もあれば、給食中止によって保護者に損害が生じても責任を負わないとしている自治体もある。

給食費の未納

文部科学省がはじめて全国的に学校給食費の未納額を調査したのは２００６年のことである。その結果、05年度の未納額は小中学校あわせて約22億円であったことが明らかになり、新聞などでは「学校給食22億円未納、原因の60％が保護者としての責任感や規範意識の問題」と報じられたのである。

約22億円は学校給食費全体（年額）の０・５％で、最新のデータ（２０１８年7月発表）である16年度には０・４％となった。この０・１ポイント、20％の減少は、給食費の公会計化が増えてきていること、児童手当から天引きする徴収方法が認められたことの効果が考えられ、今後も少なからず未納額は減少することが期待できるだろう。

また、同じ文科省調査では、給食費を「ＰＴＡ等と連携し徴収をしている」という回答の割合が年々増加している。ＰＴＡ会費の未納は、意外にも、給食費や修学旅行費などに比べて少ない。理由はおそらく、保護者が集めるからだ。そのように、クラスの保護者の集団的な同調性を利用して給食費の未納も減らそうという、えげつない取り組みだ。「集金袋で学校に持参する」方式をとりながら、受けとりには担任だけではなく保護者も立ちあうこととなる。

「ＰＴＡ等と連携し」とは、集めたお金を集計して担任に渡すような連携だと考えられるが、保護者を徴収者や受取者と設定することは問題があるため、「連携」としているのだろう。保護者が給食費の納付状況を把握することにつながるが、「あの子のうちはいつも未納」ということまで見えてしまう。一方、「結果」だけに注目すれば、これによって未納がなくなったという事例は多い。

　未納となった場合、給食を停止するという強硬手段をとる自治体もある。「3か月未納となった場合、給食を停止しても文句は言いません」というような念書を入学と同時に書かせるのだ。

　口座引き落としで未納になる理由は、口座に残高がないか、保護者が銀行に申し出て引き落としを止めたかのどちらかである（ほぼ前者）。うっかり3か月間継続して入金を忘れるということは考えにくいが、支払わないという意思なのか、支払えない状態なのか、ケースバイケースでていねいに対応していくことが必要だ。

　保護者や教職員のなかにも「子どもに責任はない、子どもが犠牲になるようなことはあってはならない」という意見と、「無銭飲食だ、お金を払っていないなら停止は当然」という意見の両極端が存在している。どうしたら双方が満足できるのかを考えるべきだろう。

学校給食法 第2条（2008年改正）
学校給食を実施するに当たつては、義務教育諸学校における教育の目的を実現するために、次に掲げる目標が達成されるよう努めなければならない。
1　適切な栄養の摂取による健康の保持増進を図ること。
2　日常生活における食事について正しい理解を深め、健全な食生活を営むことができる判断力を培い、及び望ましい食習慣を養うこと。
3　学校生活を豊かにし、明るい社交性及び協同の精神を養うこと。
4　食生活が自然の恩恵の上に成り立つものであることについての理解を深め、生命及び自然を尊重する精神並びに環境の保全に寄与する態度を養うこと。
5　食生活が食にかかわる人々の様々な活動に支えられていることについての理解を深め、勤労を重んずる態度を養うこと。
6　我が国や各地域の優れた伝統的な食文化についての理解を深めること。
7　食料の生産、流通及び消費について、正しい理解に導くこと。

歴史

貧困救済から食育へ

福祉としての学校給食の起こり

1872（明治5）年の学制発布後における日本の学校教育は、基本的に授業料が有償であった。同時に、当時の子どもは、家業の重要な働き手であった。そのため、学校を設立したとしても通えない子、通えたとしても昼食の弁当は持ってくることができない子も多かった。戦前の学校を描いた文学や映画作品では、新聞紙で包んだおにぎりや雑穀をつめこんだだけの弁当箱を見せるのが恥ずかしく、人目をはばかって稗《ひえ》や粟《あわ》をほおばる子どものようすも描かれている。弁当にはその家庭の経済事情が如実に表れる。そのことはいまとそう変わらない。

こうした明治時代の状況を目のあたりにして、貧困家庭の子どもたちのために、学校給食という制度が設けられたということに注目しておく必要があるだろう。

1889年、山形県のある寺の境内に、僧侶たちによって貧困家庭の児童を集めた私立小学校が設立された。その学校では、僧侶たちの托鉢によって得た資金で、週六日の米飯給食のみならず学用品・衣服も支給されていた。学校があった鶴岡市では、その歴史を忘れないために「給食の日」を設け、その日は給食発祥当時のメニューを提供しているという。

鶴岡での始まり以後も、各地での学校給食は、基本的に民間団体が主体となって実施することで徐々に広がる。そのため、地域や学校により、提供形態・実施負担者・実施時期などもさまざまであった。

国が学校給食事業にのりだしたのは、世界恐慌後の大不況と悪天候にともなう凶作により、成長に必要な食事がとれない欠食児童の問題が、全国的に叫ばれたのがきっかけだった。１９３２年、文部省訓令18号は、地方による給食実施を促進するために、給食を実施するための施設設置費や、そのほか給食に要する経費について国庫補助をすることとした。実施にあたり、対象となったのは貧困家庭の子どもたちではあるのだが、「貧困救済として行われるような印象を与えることなく、養護上の必要のように周到に注意を払うこと」と格別の配慮がなされていたことが特徴的だ。

当時の食糧事情はいま以上に天候に左右されやすく、欠食児童は凶作が起こるたびに増大し、また、弁当を持ってこられる子どもでも、その中身は粗悪なものも多かったという。この国庫補助措置は当初、時限つきで始まったが、そのような経緯から続けられることとなった。

初期の給食（再現）

そんな制度の趣旨が変わったのは、やはり戦争の影響であった。日中戦争が進むなか、食糧事情が急激に悪化したため、国は貧困家庭のみならず、栄養不良の子などすべての子どもを対象とする全校給食の実施補助へとのりだした（１９４０年、文部省訓令18号）。しかし、戦況悪化による物資の不足が極まり、また食糧の特別配給が決まった都市部の学校でも学童疎開がはじまるなどし、学校給食は全国的に休止に追いこまれた。〈すべての子どものための給食〉の誕生は、不運なタイミングだったといえるだろう。

援助物資による給食から教育活動の一環へ

終戦後、アメリカの財団やユニセフによる小麦や脱脂粉乳などの物資援助によって、都市部を中心に学校給食が再開された。戦後の食糧難のなかで学校給食だけは、国民学校（当時の小学校）に通うすべての子どもと教師が、差別なく提供される重要な栄養摂取の機会となった。ただし、このときは、給食の材料費（いわゆる給食費）は、基本的に保護者負担であったことは注意しておくべきだろう。

また、学校給食の実施態勢、すなわち調理室の有無や整備状況、給食の提供形態、ＰＴＡほかの協力態勢もまちまちであった。連合国軍の占領が終わり、アメリカによる援助も終了すると、学校給食が維持された学校でも、保護者の費用負担は軒並み増加した。当時から生活保護により給食費の補助を受けている家庭（被保護家庭）は４％程度あったが、それ以外にも給食費の支払いが難しい家庭（いわゆる準要保護家庭）も同程度は存在するといわれていた。

そんななか、１９５４年に制定された学校給食法は、子どもの「心身の健全な発達」や「国民の食生活改善」のために、おもに小学校を想定して「全校給食」を実施するための国庫補助を規定したものであった。しかしここにおいては、学校給食の実施を自治体に義務づけておらず、さらに、先の準要保護家庭に対する給食費補助についての検討はあとまわしにされた。

2年後の1956年、学校給食の対象を中学校まで拡大するとともに、準要保護家庭に対する給食補助が不十分ながらも制度化された。学校給食法の制定を受けて、学校給食は、58年改訂の小中学校学習指導要領において、「学校行事等」の一環として位置づけられた。その4年後に文部省が出した『学校給食指導の手引き（小学校編）』では、「学校給食の指導は学校行事等の目標に即し」、「関係の教科、道徳及び特別教育活動との関連を考慮して実施」されるべきとされた。

その後、1968年の学習指導要領改訂で学校給食の目的は「児童に良き食習慣を身につけさせるとともに社会的経験を深め、好ましい人間関係の育成を図るものである」とされ、ここでもあらためて、教育活動の一環としての位置づけが確認されたのである。

学校給食の小学校学習指導要領上の位置づけの変化

改訂年	大項目	小項目
1958年	学校行事等	
1968年	特別活動	学級指導
1989年	特別活動	学級活動

行財政改革によるセンター方式導入

戦後の学校給食は、基本的にいわゆる自校方式でおこなわれてきた。自治体の運営によるもので、各学校に給食室を設置し、自治体職員として雇われた調理員が調理をおこなった。自校方式のため、給食のメニューは学校ごとに異なり、材料費にあたる給食費も学校が主体となって集金する方式が定着してきた。

集金袋による集金は、ときに盗難や紛失などのエピソードを生んだ。同時に、給食費の未納や滞納が生じた場合には、教員が家庭に対して督促をおこなったり、あるいはポケットマネーから持ちだし、あるいはみずから弁当を作ってこっそりと子どもたちに食べさせたりするなどの苦労話も生まれた。

しかし、自治体の行財政改革がこうした給食風景を大きく変えていくことになる。人件費削減のプレッシャーのもとで、１９８５年に文部省は通知「学校給食業務の運営の合理化について」を出した。この通知は、学校給食センターの設置、調理員のパート労働、業務の民間委託をうながすものだった。以後、給食センター方式は自校方式を超える勢いで拡大し、学校給食の実施そのものが遅れた中学校では、センター方式を採用している学校が自校方式の倍程度となっている。

センター方式が子どもや保護者にもたらした影響として、同じメニュー、同じ給食費の学校が増えたことがある。センター方式では食材を大量に購入でき、コスト削減につながるとされる。しかし、食中毒がひとたび発生すると、その被害が広範囲に拡大するというデメリットも生まれた。一方、こうしたメニューの規格化、給食費の統一化が、給食費の公会計化につながりやすい要件となったことはたしかだろう。

食育が求められるなかで

現代社会における問題のひとつとして、生活習慣や食生活の乱れにともなう健康問題とともに、食糧自給率の向上や食の安心・安全の確保といった食料・農業の課題がある。1989年改訂の学習指導要領では、こうした課題に対応するものとして、給食が位置づけられている。この改訂に対応して文部省が出した『学校給食指導の手引き』（92年）では、「学校給食は実際の食事という生きた食材を通して正しい食事の在り方や好ましい人間関係を体得することを狙いとして行われる教育活動」と述べられた。

さらに2005年には、国家レベルでこれらの問題を解決するために食育基本法が成立し、翌年には「食育推進基本計画」が策定される。ここで給食には、「望ましい食習慣の形成や食に関する理解の促進」や、各教科の「生きた教材」という役割も期待されることとなる。それとともに、食育の観点からは、給食は「単独調理方式」（すなわち自校方式）が望ましいとされた。文部科学省による『食に関する指導の手引き』では、「意図的に学校給食を教材として活用しつつ給食の時間をはじめとする関連教科等における食に関する指導を体系づけ、学校教育活動全体を通して総合的に推進する」と述べられた。

これにあわせて、2008年改正の学校給食法では、給食と食育の推進が結びつけられたが、給食自体の実施は自治体の義務とはならず、推奨のままであった。

給食は、普遍的にすべての子どもに必要とされる教育・食育という側面が前面に押しだされつつも、その実施体制の貧弱さをながめると、現在においても、欠食児童・貧困家庭の子どもたちに対する福祉という側面が多分に残っており、そのはざまにあるといえるのかもしれない。

理念

給食無償化は、どうすれば可能になるか

福祉としての給食、教育としての給食

現在、学校給食は、学習指導要領上では「特別活動」に位置している「学級活動」の一部として明記されている、教育課程内のコトにあたる。2017年告示の小学校学習指導要領では、学校給食の内容について以下のように述べられている。

「エ　食育の観点を踏まえた学校給食と望ましい食習慣の形成
給食の時間を中心としながらも、健康によい食事のとり方など、望ましい食習慣の形成を図るとともに、食事を通して人間関係をよりよくすること」

このように、食育の一環として学校給食が位置づけられている。これを受けて、小学校学習指導要領解説では、「学校の教育計画等と関連付けながら食に関する指導の全体計画を作成し、給食の時間

を中心としながら、各教科等における食に関する指導を相互に関連付け、総合的かつ効果的な指導が行われるように留意する必要がある」（2017年度）と述べている。

もはや現在において、教育活動として給食があることはまちがいない。憲法に規定された義務教育無償の原則に照らせば、少なくとも義務教育期間は給食費についても無償であるべきといえる。

しかしながら、現実には給食費はほとんどの自治体で保護者負担、すなわち有償となっている。それは、学校給食法が1954年に制定されて以来、「前項に規定する経費以外の学校給食に要する経費（以下「学校給食費」という。）は、学校給食を受ける児童又は生徒の学校教育法第16条に規定する保護者の負担とする」（第11条2項）と規定していたことによるところが大きい。この規定により、当然に「食材料費については保護者負担」という図式が成立してきたのだ。

学校給食法は同時に「義務教育諸学校の設置者は、当該義務教育諸学校において学校給食が実施されるように努めなければならない」（第4条）と、設置者に給食実施の努力義務を課している。そのた

小中学校における完全給食実施率の推移

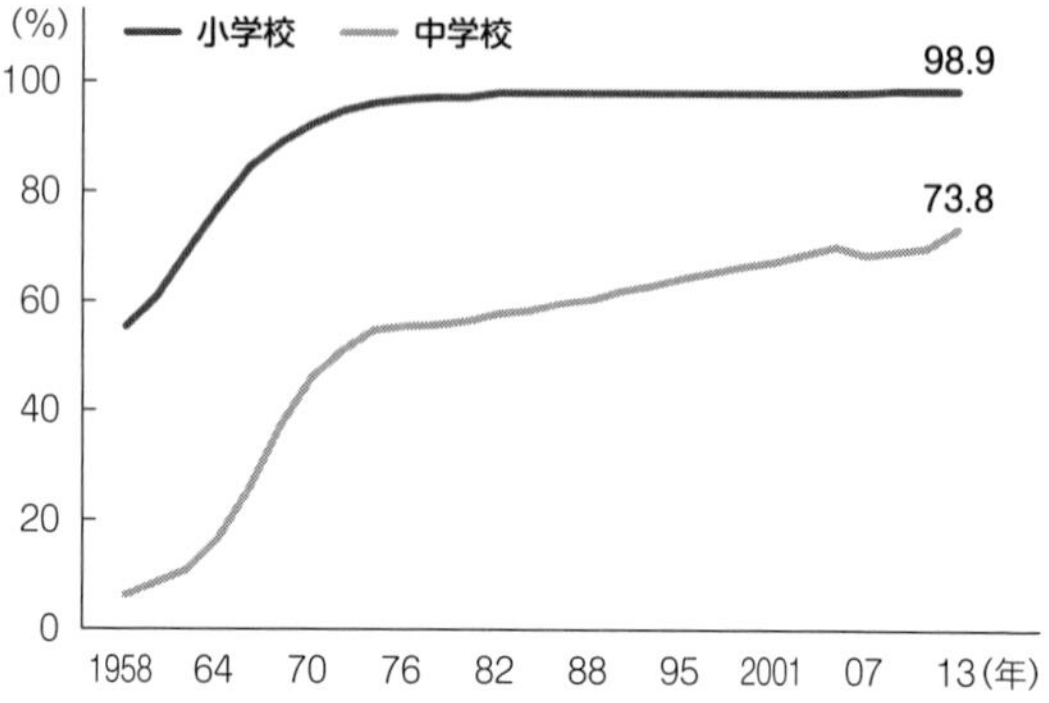

鳫咲子『給食費未納――子どもの貧困と食生活格差』（光文社）より

め、給食費を支払わない理屈としての「義務教育だから支払わなくてよい」「学校が勝手に給食を出している」といった考え方は、こうした学校給食法の理解が不足しているためだと非難される。

しかしながら、給食が義務教育諸学校における教育課程内教育活動の一つであると明らかにされている現在、「義務教育はこれを無償とする」との憲法規定に学校給食法11条2項は抵触しているのでは、と考えるのは果たしていきすぎだろうか。

たしかに、制服や教材などと違い、給食費については、一日のコストが栄養職員の努力で最小限におさえられており、「給食費が割高だ」という声はほとんど聞かない。最小限の単価で、栄養面と味覚にも配慮された毎日異なるメニューが提供されるので、貧困家庭の子どもたちにとっては重要な栄養補給のための食事となっているのは事実である。

とはいえ、給食の教育的側面よりも貧困救済のための福祉的側面にその意義を見いだすとしても、その費用保障は十分であるとは言いがたい。給食費の実費については生活保護（教育扶助）や就学援助制度では保障されるので、制度の利用者にとっては給食費の無償化が達成されたと同様の状況となっている。しかし、そもそもそれらの制度自体が知られていないことがあり、また保護者による申請が必要であることから利用がしにくいという問題がある。さらに、給食費相当額が家庭へ振り込まれていることで、家庭における別用途への費消などによって給食費の未納・滞納につながるという問題がある。

この問題は、私会計の場合は校長へ、公会計の場合は学校設置者へ給食費が直接交付されれば解決する。かねてより給食費などを学校長に代理交付する仕組みがあったが（生活保護法32条2項）、2020年、公会計化したのちの自治体でも対応できるよう、学校設置者への交付も認められることとなった（同法37条の2、同法施行令3条）。

就学援助の場合も、委任状があれば学校長等への直接交付が認められるところもある。しかしこの場合も、本来家庭に支給されるべきものを、「結局は給食費として支払うのだから」と支払先に直接交付を画一的にしてしまうのは問題だという見方もある。給食費などの費目ごとに支給先を家庭から集金主体に変更するべきかどうか、自治体レベルで検討していくことが必要だ。

同時に、制度の周知徹底と申請方法簡素化、制度利用者のプライバシーの保護が運用上の課題となってくるだろう。

給食無償の必要性と進展状況

加えて、給食そのものがない自治体での費用負担にも注目する必要がある。給食を実施していない地域では、弁当持参が求められる。そうした自治体の家庭では、教育扶助や就学援助を利用していたとしても、家計から弁当の材料代を捻出するしかないのだ。

給食が実施されていれば公費保障されていた費用が、たまたまその自治体では実施されていないことで、見えない私費負担として転嫁させられてしまう。かくして、弁当を持ってこられず、またおにぎりひとつ分のお金ももらえず、昼食時に教室にいるのがいたたまれない気持ちで保健室などに逃げこむ子どもが生まれてしまう。こうした子たちが、朝食や夕食はきちんとした食事がとれているかというと、望み薄であろう。

この問題を解決するには、就学援助制度で弁当の材料費まで補助するか、完全給食を義務教育段階ではすべての学校で採用するしかない。栄養面、衛生面、家庭の調理負担の面、そしてどの子にも最低限1日1食はしっかりとした食事が行きとどくことを考えれば、後者のほうがより望ましいことは言うまでもない。

給食をすべての学校で実施したうえ、その費用を保護者からは徴収しない、つまり給食費無償化を進めている自治体が近年増えてきている。文部科学省

中学生の弁当持参日数と朝食摂取の状況
（大阪市の給食のない中学校へのアンケート・2008年）

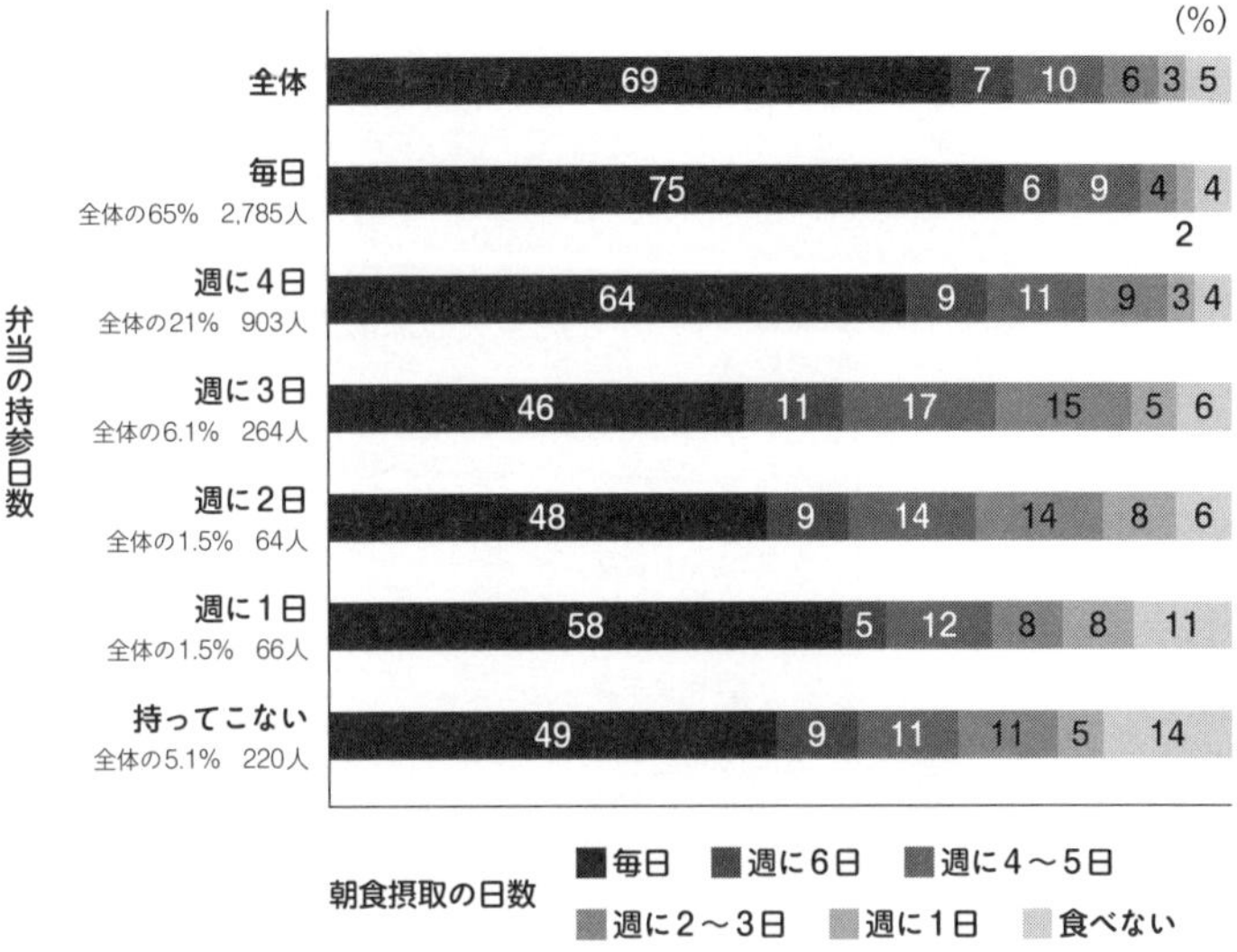

鳫咲子『子どもの貧困と教育機会の不平等』（明石書店）より

も、給食費を保護者から集金するかしないかは、学校設置者の裁量範囲であり、公費負担にしても学校給食法11条2項に反しないという立場を表明している。

無償化の形態は、一部補助、全額補助や、多子世帯のみの補助など多様にあるが、在校生全員対象の全額補助という完全無償化を進めている自治体だけでも、小規模自治体を中心に2017年度時点で全国82市町村にのぼっている。目的としては、子どもの貧困対策とともに、その自治体の子育て支援政策の一環として住民定着・新住民流入を図ったものであるともみられ、かならずしも憲法の「義務教育無償」の実現を意図したわけではない。しかし、その政策が憲法理念にかない、また上述してきたような問題を未然に防ぐ有力な選択肢であることはまちがいない。

文部科学省「学校給食費の無償化等の実施状況」調査結果

	自治体数	割合
①小学校・中学校とも無償化を実施	76	4.4%
②小学校のみ無償化を実施	4	0.2%
③中学校のみ無償化を実施	2	0.1%

※1,740自治体に対する調査を2017年度に実施
※①のうち71自治体が町村であり、対象児童数は41,254人で、全国の小学校の在籍者数の0.6%、対象生徒数は21,943人で、全国の中学校の在籍者数の0.7%となっている。

対策

公会計化は無償化へのステップ

給食は、昼食として子どもたちのお腹を満たす食事ととらえるのが一般的かもしれない。しかし、ここまで述べてきたように、教育活動の一環であり、その意義は授業で使う教材や文房具などと同列・同等とも考えられる。給食も教育に必要なコトであり、食のセーフティネットという役割も担っている重要なコトなのである。

ここでは、「集金と返金の方法」「未納の問題」という2点にしぼって対策・対案を示し、給食の無償化を提言したい。

公会計化にはメリットがたくさんある

まず、集金の方法である。以前は、学校（校長責任の私会計）と自治体（公会計）のどちらの主務なのか、ファジーな部分があった。――というより「校長が給食費を集めて管理することは差し支えない」という文部省の回答が過去にあり、公会計が基本であるが私会計も認める、と読まれていた。そして、文部科学省はその見解を改めて、公会計化へのベクトルを強めたのが現在である。

公会計とは、自治体が直接、保護者から収納する方式だが、なぜ、私会計より公会計のほうがよいのか、そのメリットをひとつずつ説明していこう。

まず、「①公金として扱われる」ことが大きなメリットになる。ひとつに、回収業務や支払い業務などの現金移送にともなう事故を補償するために保険がかけられる（もちろん保険がかけられているといっても、事故を簡単に補填してくれるわけでもないだろうが）。私会計の場合は、国家賠償法の適用により過失責任が厳しく問われることになる。

公会計とされても、学校現場が担当する仕事が完全になくなるというわけではない。たとえば、金融機関から引き落とすための設定や手続き、未納金を徴収して自治体に振り込むという作業は残る。しかし、このような状態でも、私会計より安心して現金を扱うことができるだろう。

さらに、私会計の場合、金融機関からの引き落とし手数料は保護者の負担である。年間に10回の引き落としが設定されている場合、年間で１００～１０００円の保護者負担が生じている。しかし、公会計では多くの場合、「②引き落とし手数料を自治体が負担する」（保護者にとっての無償化）。これにより、保護者が引き落とし手数料を支払うことはなくなる――と言いきりたいのだが、中学校を中心に補助教材費や修学旅行費などを金融機関から引き落としで徴収している場合が多く、手数料問題は残る。この問題を解消するには、補助教材費や修学旅行費なども給食費といっしょに公会計とする必要がある。実際に、そういった自治体もあらわれてきた。

つぎに、「③集金袋による現金事故が未然に防げる」。集金袋が活用される理由は、子どもが毎日登校するついでがあるからだ。集金袋がなくなれば、紛失事故がなくなり、メリットとしては大きいだろう。昔から学校でお金がなくなったといったら給食費である。「○○さんの給食費が机からなくなっています！　取ったのはだれですか？——みんな目をつぶって、やった人は手をあげてください……」。そんなネタがいまでもマンガなどではとりあげられている。このような状態がなくなるだけでも、親の負担、子どもの負担、教職員の負担は軽くなる。

最後に、「④無償化に向けての費用概算が可能となる」。公会計となり、徴収したお金が公金とされれば、自治体の歳入となる。公会計化は無償化への前進である。なぜならば、私会計の場合は自治体の予算に給食費が計上されることはないが、公会計となれば、徴収の法的根拠が精査された「調定額」が予算に計上され、歳出として決算が示される。これにより、自治体が給食費の総額を簡単に見積もることができ、それに税収をあてるかどうかのポイントで議論を深めればよいからである。

もちろん、公会計から無償化へのバトンは簡単に渡されるわけではない。しかし、学校で私会計にしているかぎり、その費用を自治体や議会が把握するのは難しく、教育委員会が収集している情報も一部でしかない。そのため、自治体が徴収にかかわることは大きな前進である。

返金のルールはどうなっているのか

欠席などで食べなかった給食の返金問題は、学校側も頭を悩ませることが多い。あらかじめ保護者に周知している5日前や10日前ルールで対応できる部分は問題ない。

学校への連絡が遅れてしまったことで、食べていないぶんも徴収されてしまうのは理解される範囲だろう。むしろ、自然災害や感染症などによる学級閉鎖での給食中止の場合が問題なのだ。

「食べていない、食べられない状態にもっていったのは学校なんだから返金してほしい！」。これはまっとうな意見であろう。学級・学校閉鎖は、基本的には学校が判断する。自然災害のときはまだ納得できる部分もあるかもしれないが、感染症による閉鎖は、元気な子も給食が食べられない状況を学校がつくり出したことになる。そのために自治体の対処も分かれている。

急に給食を中止すれば、食材に無駄が出るのはしかたのないことである。損失が生じていない部分に関しては返金をするという折衷案でもよいが、損失の部分を自治体が補填するのがもっとも理解される説明だ。無償化や一部無償化を実施している自治体も増えてきたし、このような場合は自治体が負担するような予算を確保してもいい。無償化の第一歩としても。

自校方式で私会計の場合でも、センター方式で公会計の場合でも、ある程度のルールは自治体が決めていることが多いため、まずは現状の確認をしてみることが必要だろう。ただ、はっきりしていることは、公会計としているほうが返金対象は広くなることだ。自治体が私会計の雑損分を支払ってくれることは考えづらいが、公金の補填は予算と理念がともなえば可能である。それは、未納問題にもからんでくるのだ。

給食費未納の原因を再度考える

私会計と公会計の根本的な違いとして、公会計だと未納金を補填できるということがある。こんなことを書くと、ちゃんと払っている人間がソンじゃないか！ と思われるかもしれないが、これは制度を説明しただけであり、推奨しているわけではなく、実際に悪用できるものではない。

給食費の未納回収を自治体が裁判に持ち込んだケースで、わたしが知っているかぎり、被告が勝訴した事例はない。公的な補填とは、あくまでも会計期間内で出納を締めるための、一時的な補填だ。しかも、敗訴した場合は給食費以上の支払い（訴訟費用など）を請求されることになるため、現状の法制下では裁判へ持ちこまれるまえに支払うほうがベターである。このように考えれば、自治体が悪意ある未納を補填したままにするようなケースは考えにくいと思われる。

未納が続く場合に給食を停止させた事例がある。しかし、現場感覚で考えるとどうだろう。ある学級の給食指導中、「Aさんは給食費を払っていないので、Aさんのぶんは配膳しなくていいです」と担任が言えるわけがない。だが、極論を示せば全員未納では給食をつくることもできない。どのように解決していくべきだろうか。

文科省調査によると、学校側が認識している未納原因の3割程度が「経済的な問題による未納」であった（責任感や規範意識が6割で、1割弱が「その他」で判別不能という回答）。経済的な問題の場合は、就学援助制度を利用することで大半は解消される。そのため、未納問題が社会化してから、就学援助制度の利用を積極的に周知している自治体は増えてきている。

たとえば、「就学援助に認定されると給食費の補助を受けることができます。就学援助とは……」というような説明が、就学援助の案内や給食の申込書に書かれているのだ。残りの6割に関しても、本当に「責任感や規範意識」が問題なのか、個人面談や家庭訪問をとおして考えていく必要があるだろう。

また、児童手当から給食費の天引きをしている自治体も増えてきている。児童手当法の趣旨に外れるものではないため、保護者の選択により給食費にあてることも手段のひとつだろう。保護者の所得によるが、児童手当は年間12万円が支給され、そのうち3～4割をあてれば足りる計算となる。実際に、児童手当からの天引きを導入して未納が減ることも文科省調査で確認できる。それならば、全家庭に対して児童手当の財源を給食費にあてるという政策で、給食費の徴収をやめることも考えられるだろう。

前節でみたとおり、給食費を無償化している自治体の数が年々増えている。住民のコンセンサスを得られれば、今後も無償化は広がっていくだろう。無償になれば、未納問題は当然、発生しない。

第6章

学校のコトとお金

有無をいわさぬ旅行と行事

「学校行事」と呼ばれるものには、運動会や文化祭、遠足や修学旅行・林間学校、入学式や卒業式などがある。学習指導要領では「特別活動」領域のなかに位置づけられ、①儀式的行事、②文化的行事、③健康安全・体育的行事、④遠足（中学では「旅行」）・集団宿泊的行事、⑤勤労生産・奉仕的行事、という区分がある。

その目標は、学級の枠をこえて全校単位や学年単位などで協力し、よりよい学校生活を築くための体験的な活動をとおして、それぞれの学校行事の意義や内容を理解し、集団への所属感や連帯感を深め、公共の精神を養うことなどとされている。

この目標達成にも多くの費用がかかる――。この章では私費負担がとくに大きい修学旅行を中心に、費用がかかる行事を検討していく。また、実力テストなども費用のかかる行事ととらえ、これも含めた。

実態

修学旅行と卒業準備はさいごの大出費

まず、校外学習から紹介していこう。「遠足（旅行）・集団宿泊的行事」を学校では、まとめて校外学習と呼んでいる。理科の授業で近くの公園まで歩いて草木の観察に行くことも校外学習なら、バスに乗って遠足に行くことも、宿泊をともなう修学旅行などの行事も校外学習である。

遠足・社会科見学

学校は、校内でおこなう授業の指導計画と同様に、校外学習の計画（行先や日程）も立案する。貸切バスや新幹線を使うなどすれば、当然ながらお金がかかる。

この費用は、事前に大づかみな額を集金し、実施後に精算するパターンがほとんどである。小学校では、1・2年生の生活科で遠足に出かけることが多い。バス代や高速料金、駐車場代、施設入場料……などで、ひとり4000円前後だろう。入場料のようにひとり○○円とわかっている費用以外は、参加者で頭割りするため、概算額を集金しておき、当日の欠席者などをふまえて費用を確定する。また、公共交通機関の乗車券を購入することも学習の一部として、近場に遠足に出かけることもある。その場合は、事前に金額を確定して集金することもある。

小学校3年生以上になると、社会科の学習として、3年生で市町村内、4年生で都道府県内、5年生で工場見学、6年生で国会議事堂見学（関東の場合）のような校外学習が組まれてくる。こうした費用への対応は自治体によって異なり、バス代を公費で負担する自治体もあれば、すべて私費負担となっているところもある。

修学旅行・林間（臨海）学校

宿泊行事の費用は、額が大きいため、多くの学校で前年度から計画的に積み立ててもらっている。また、保護者会でまとめて集金するケースも聞く。子どもが旅行に行けるか、行けないかの重大なポイントとなるため、経済的に厳しい家庭でも、保護者はなにより優先して支払おうとすることが多い。仮に給食費と修学旅行費が未納となっている場合、未払いの給食費よりも間近に迫った修学旅行費をまず先に、となる。

旅行費用は行き先によって異なる。埼玉県内の小中学校の修学旅行なら、栃木県の日光へ1泊2日で2万円程度、京都・奈良へ2泊3日で6万円程度となる。一般的な旅行代金としては、けっして安くない印象だろう。パック旅行なら半額程度で行けるものもある。東北地方から東京への修学旅行（中学校）では10万円集金しているという話を聞いたことがある。逆に、修学旅行を実施していない学校もある。

林間（臨海）学校については、自治体が体験施設をもっている場合は宿泊料が公費で負担されることもあるが、一般施設を利用することも多く、その場合は、修学旅行費に準じる程度の費用が必要となる。埼玉県川口市では、千葉県富津市と群馬県みなかみ町に、それぞれ市立の施設をもっているため宿泊費は無償であり、バス代も公費で負担されるため、保護者がかならず負担する費用は、子どもの持参品をのぞ

訪問地ベスト5（複数回答）

［ ］内の数字は全体のベスト5

関東の中学校

①京都府　1105校［1］
②奈良県　1077校［2］
③長野県　71校
④広島県　26校
⑤福島県　18校

東海の中学校

①東京都　452校［3］
②千葉県　91校
③広島県　61校
④山梨県　32校
⑤沖縄県　27校［4］

近畿の中学校

①沖縄県　276校
②東京都　144校
③長崎県　141校
④長野県　138校［5］
⑤千葉県　107校

修学旅行の実施時期（中学校）

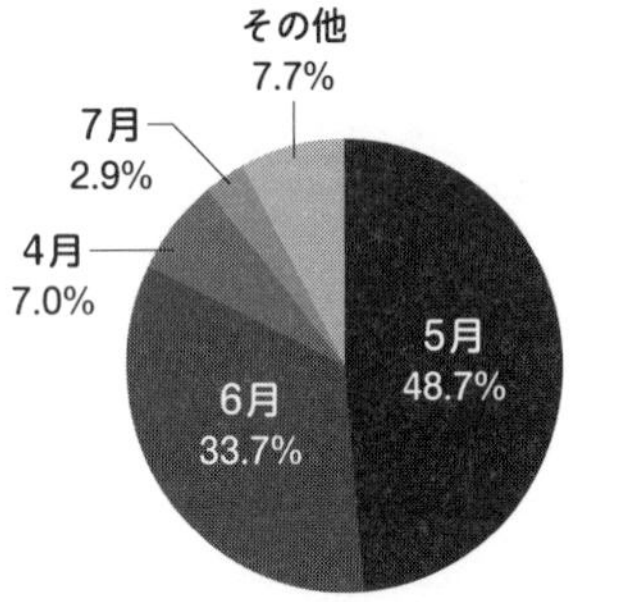

＊実施日数は「3日間」が99.7%を占めている

関東5県・東海3県・近畿2府4県の公立中学校を対象とした調査（2014年・回答数2938校）

公益財団法人全国修学旅行研究協会「修学旅行の実施状況調査」より（204ページの図表も同）

けば、食事代と現地の行動費のみである。

旅行会社の決まり方

宿泊行事の旅行プランの立て方や業者の選定についても、学校や自治体によって扱いが異なる。

旅行会社が取り扱うものには「受注型企画旅行」（いわばオーダーメイドのツアー！）と「募集型企画旅行」（パッケージツアー）があるが、修学旅行や林間（臨海）学校では「受注型」が主流だろう。学校が旅行会社に希望を伝えて行程を決め、乗車券や宿泊施設などの手配を旅行会社がおこなう。費用総額の数パーセントが、旅行会社の企画料収入となる。

旅行会社の選定にあたっては、数社にプレゼンテーションをしてもらって選ぶ方法をとっている学校（自治体）もある。おおまかな行程を伝えたうえで、各社の強みを生かしたプランを立ててもらう。それを職員会議や保護者会などで報告する事例も聞く。また、市区町村内すべての学校を一括して見積もりをとり、契約をする自治体もあり、さまざまである。しかし、最終的な決定権は校長にあり、宿泊型の修学旅行を実施しない学校もある。

埼玉県川口市は一括方式であり、市内の中学校26校分を一括で入札する。そのうえで、プランの詳細は各学校でつめていく。一括契約であるため、たとえばチャーターバスの費用は、市内全校分のバス台数を、乗った全生徒数で等分するなどの特徴がある。この場合、子どもが85人いる学校の場合、40人乗りのバスを2台として補助席で対応するほうが安くなるが、1校だけで節約の工夫をしても、その見返りがきわめて少なくなるデメリットはある（バス1台10万円として、2台分20万円を85人で割ると、ひとり約2350円、3台借りたら3520円になる計算だが、市内全校で200台は借り上げるため、1台減らしたことの恩恵はかぎりなく小さい）。

宿泊行事の「見えない私費負担」

いずれにせよ、宿泊型の修学旅行に関して、保護者の経済的負担は重い。就学援助制度を利用している家庭には補助も出るので、修学旅行に行くことができない子どもは、見た目にはそれほど多く感じられないかもしれない。しかし、保護者は積立金として学校に支払う以外にも、修学旅行や林間学校に子どもを送りだすために多くの費用を準備せざるをえないのが現状だ。

修学旅行では班ごとに行動することが多い。その間の食事代や見学代、お土産代などにあてるお小遣い（レジャーランドの割高なポップコーン代もここから支払うことになる）を持参させたり、「小学生／中学生にふさわしい服装」を新調する必要があったりする。女の子であれば、「友だちに見せても恥ずかしくないパジャマがほしい」という子も少なくないだろう。

生徒ひとりあたりの旅行費用（関東と東海の1974校／無回答校あり）

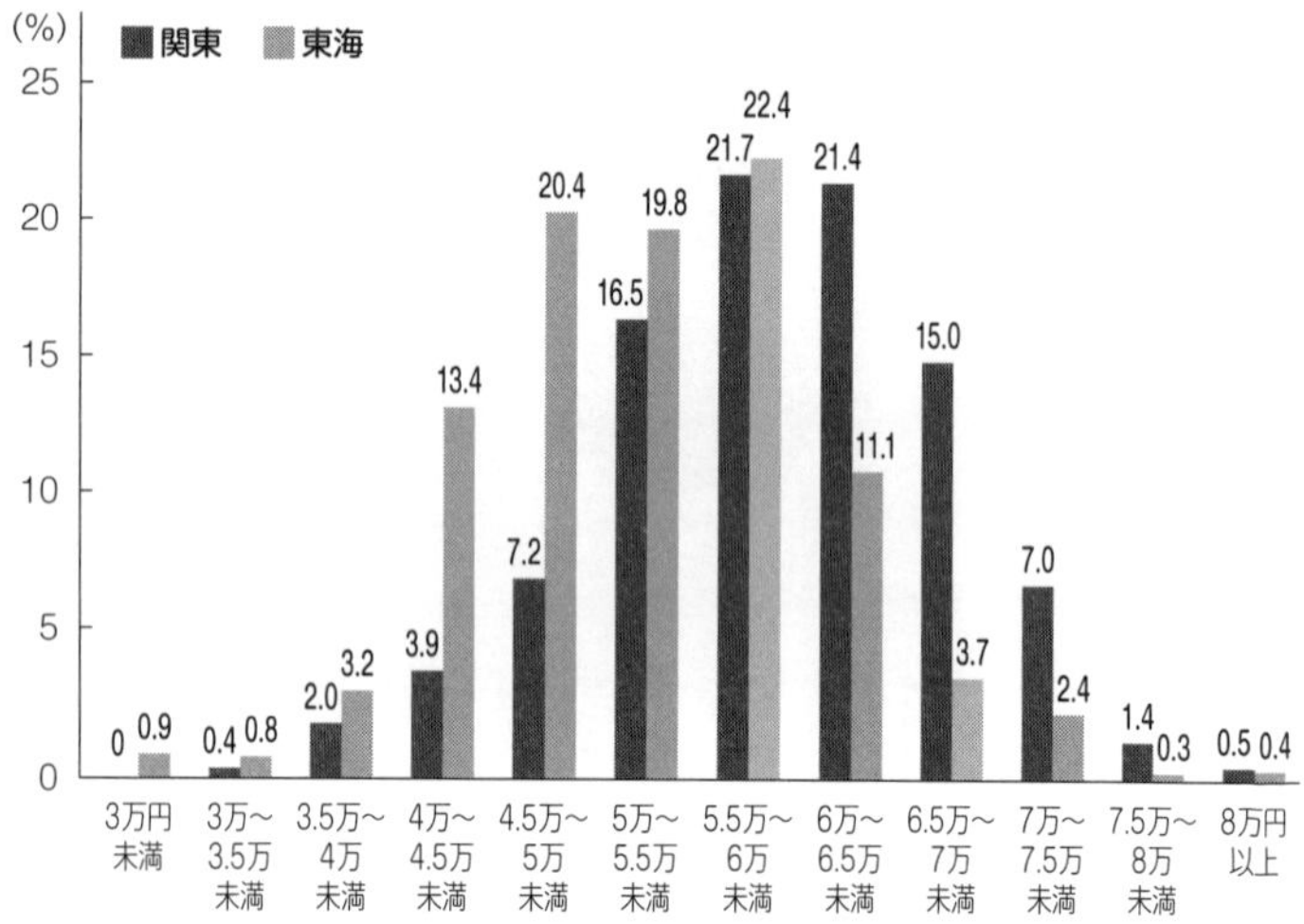

全体では、5.5万～6万円未満がもっとも多い

林間学校であれば、ふだんは使わない大きなリュックや寝袋、懐中電灯（ランタン）の持参を学校から求められることもある。これらの費用は集金には含まれておらず、就学援助制度によっても補助されない。「見えない私費負担」は思いのほか多い。

つぎに、全校行事をみていこう。運動会や文化祭、合唱コンクール、音楽鑑賞教室や芸術鑑賞会、陸上競技大会などがある。授業の一環であるため、基本的には多くが公費で運営される。ただ、一部に負担が発生するものがあり、また最近では合唱コンクールや鑑賞会を音楽ホールなどで開催するケースが増えていて、それには会場費がかかる。

運動会・体育祭

体育行事では小学校・中学校を問わず、校庭にラインを引き、テントを立て、教室からイスを出し、大玉や引き綱を用意したりする。これらはいずれも公費で購入されるべきものである。

しかし、テントについては、多くの学校で寄付品が主流となっている。卒業記念品（後述）のテントが多く、ＰＴＡや後援会などからの寄付品もある。

ある学校では、低学年の応援席から順に「52期卒業記念品」「53期卒業記念品」「54期卒業記念品」……と並んでいた。価格はサイズや形状により異なるが、家族のバーベキューで使うようなサイズで3万円程度、地域の盆踊り本部や来賓席などに使われる大きな白いテントは15万円程度もするのだ。

運動会用品で私費負担となりがちなモノもある。たとえば、小学校でおこなわれる「表現」という種目。リズムに乗って踊る演技の部類で、装飾や小道具に、カラフルなリストバンドやステッキ、ポンポン、フラッグなどがよく使われる。体操着でも、ちょっとした小道具があると演技が映えるのだ。しかも、時期をあわせて教材販売業者が安価な小道具パンフレットを配布することもあり、学級で「運動会用リストバンド２００円」などとして集金したり、あるいは学級費から購入したりする。

踊りの小道具の鳴子

鑑賞教室・合唱コンクール

自治体が主催する音楽鑑賞教室や芸術鑑賞会であれば、費用はもちろん自治体が負担する。だが、各学校でおこなう場合には、私費負担となることが多い。

たとえば、合唱団や劇団に出演を依頼する鑑賞教室に、１公演50万円の予算をとっていた学校がある。子ども５００人ほどの学校なので、ひとりあたり１０００円かかる。「演劇鑑賞会代１０００円」などとして一律に集金するのだ。自校の体育館で実施すれば会場費がかからないため、学校外で鑑賞するよりは安価だろうが、それでよし！　と一概にいってよいのだろうか。

また、会場費の問題については、前述したように、すべての保護者が来ると収容できないとか、子どもたちにホンモノを味わってほしいなどという理由から、音楽ホールを借りて行事をおこなう学校が増えてきた。そのさい、ホールごとに貸し出し料は決まっているので、生徒数によって負担額が変わってくる。たとえば、大規模校が音楽ホールを借りて合唱コンクールをおこなった場合、ひとり３００円ですむところ、生徒数が半分の学校では６００円かかり、負担が2倍という計算となる。

陸上競技場を借りる体育行事の場合も同じことがいえる。こうして別会場での開催が発展していくと、入学式や卒業式を含め、学校行事をさらに校外で実施していくような流れにならないとも言いきれない。

○周年記念式典

「開校○周年記念式典」というものがある。「続けることがめでたい」という、執念のような周年事業である。執念で歴代校長の生存確認をし、招待状を発送したり、祝辞をいただいたりする。これは、子どもがかかわる場合とそうではない場合とに分かれる。

記念式典は、地域住民や保護者と学校とが共同で企画・実施するため、学校だけの問題ではなく、その運営費のほとんどが私費である（ただし、会場をはじめ、机やイス、紅白幕などは学校にあるモノを使う）。ＰＴＡ組織や後援会組織が「周年積立金」という積み立てをしており、地域住民に寄付を募ることもある。10周年・30周年・50周年という区切りにだけ自治体が補助金を出す場合もあるが、割合的には少額である（経験では、記念誌作成代を自治体がもったり、実行委員会に助成金として数万円援助されたりした）。積立金はおもに、式典パンフレットや記念誌の作成費用、通信費、学校や子どもなどに贈る記念品代、写真代（航空写真を撮ることも多い）に使われる。

記念式典には祝賀会という名の2次会がある。多くの場合、パーティーと呼ぶにふさわしいコトが開催される。われわれ教職員も、実行委員の保護者や地域住民も、すべて自腹で参加する。もちろん強制ではないが、深くかかわった人間が参加しないわけにもいかないという雰囲気はある。

卒業準備金・対策費

序章などでとりあげたように、入学準備には大きな費用がかかるが、入学式に費用がかかることはない。入場無料の式典である。卒業式も入場は無料だが、「卒業準備金」や「卒業対策費」などが徴収されることが多い。これは学校が徴収するのではなく、卒業準備委員会や卒業対策委員会といわれる組織が保護者から立ち上がって徴収する。

たとえば、卒業生ひとり５０００円といったかたちで一律に徴収される。金額は学校によって違い、卒業アルバム代が含まれていたり、いなかったり、「卒業を祝う会」という保護者主催の茶話会の費用が含まれていたり……などによって、だいぶ差がある。

だが、ほぼ含まれているのが「卒業記念品」である。例年、卒業生一同が私費で学校にモノを贈るという慣習だ。先にあげたテントのほか、掲示板や時計などの学校備品が贈られることが多い。その費用は、卒業生の人数にかかわらず総額で10万円程度というところもあれば、ひとり３００円×人数分というところもある。卒業生は、卒業「準備」か「対策」をし、学校に記念品を贈呈することで卒業証書がもらえる——わけではなく、教育課程を修了したからもらえるのだ！　かんちがいしてはいけない。

学力を試す行事（テスト）

第2章でみたように、小学校では業者が販売している単元テストを購入している。中学校の場合は、中間・期末テストは無料だが、実力テストは1回ごとに私費がかかる（民間業者が作成し、採点するため）。ほかにテストといえば、小6と中3が受ける「全国学力テスト（全国学力・学習状況調査）」がある。参加は無料だが、これも民間委託され、その費用に税金40億円以上がつぎこまれている。対象の子どもの人数で割ると、ひとりあたり2500円程度――けっこう高い。

中学校は実力テストの嵐となる学校もある。とくに3年生は、毎月のようにテストをし、高校入試を迎えるのだ。しかし、教員自身が実力テストをつくるようなことは聞かなくなった。多くの学校が民間業者にゆだねている。高校の合格基準も判定してもらうような場合は、各教科のテスト1回分でひとり1500円程度である。この費用は、補助教材とあわせて徴収される場合が多い。

実力テストなどは私費負担とされ、中間・期末テストは費用がかからないわけだが、そもそも、なぜテストをおこなうのか考えてみよう。すぐに思いつくのは成績（評価・評定）のためだろうか。テストの点数に提出物や授業意欲などを考慮して成績をつける。点数という客観的な基準があると、その成績の根拠を説明しやすいことはあるだろう。もうひとつ、教員自身が授業の効果を検証する目的も考えられる。その場合は、今後の授業に生かせることになり、目的達成のための効果は高い。後者のように考えると、私費負担させて実力テストを受けることは、だれのためになるテストを私費負担させているのだろうか。高校入試に照準をあてているのなら、全員に受けさせるべきか悩ましくも思える。

テストとは別だが、入試にそなえて5教科分の対策問題集を斡旋購入させることもよくある。希望者購入ではあるが、5教科分で4000円程度となり、さらに個別対策（入試に出る漢字、入試に出る計算などと宣伝されたドリル）も補充したら、ゆうに5000円は超える。さらには模擬試験問題も売られていて、4回分を5教科購入すれば、実力テスト1回分ほどになる。

これほどの費用をかけて、テストをくり返し、問題集を購入して高校に合格できれば安いもんだ——と思うかどうかは保護者しだいということだ。余談だが、入試の面接対策ガイドブックも売っている。模範回答が載っているそうだが、それで合格するような試験ってどうなのかと考えたくもなる。1冊500円也。

歴史

軍事訓練から、全員参加の観光旅行へ

ここからは、各種行事のなかでもっとも私費負担が重い宿泊行事に焦点をしぼってみよう。代表的なものといえば、修学旅行、野外活動などをともなう校外学習（林間学校、臨海学校）、それに準ずるものとして遠足などがある。

「行軍」に学術研究が加わった初期の修学旅行

修学旅行の原点は、明治期に学制が敷かれた時期にまでさかのぼる。当時の文部大臣・森有礼《もりありのり》は軍事教育の一環として「行軍」を推奨したのだった。この「行軍」の定義はあいまいであるが、軍装をし、背嚢《はいのう》・鉄砲を担いで長距離を歩き、目的地で軍事演習などをおこなうことを指し、当時はおおむね「遠足」という言葉と同様の意味とされた。泊まりの場合は「行軍」、日帰りの場合は「遠足」であったともいわれている。これが転じて、複数校で共同開催される運動会の会場へ向かうための長距離の徒歩移動のことを「遠足」と呼ぶようにもなった。すなわち、当時において、軍事演習と「運動会」、そしてそこへ向かう「行軍」あるいは「遠足」は一体的であったのだといえる。

1886（明治19）年に師範学校令にて兵式体操を教育内容として正式に組みこんだこともあり、森は東京高等師範学校の初代校長に軍人をすえて、この「行軍」を普及しようとした。しかし、それに疑義を唱えたのが、当時の教頭だった高峰秀夫であるといわれる。高峰はたんなる「行軍」ではなく、史跡や地形、植物・鉱物の学習など「学術研究」の側面も含めるべきことを提唱し、1886年に「修学旅行記」という記事を『東京茗渓会《めいけいかい》雑誌』に書いている。これが「修学旅行」という名称の初めてのものといわれている。実際に、東京高等師範学校はこの年、生徒100人とともに12日間におよぶ「修学旅行」をおこなっている。これは、兵式体操用の銃を持って東京から銚子までを歩いて「行軍」するものだったが、それに加えて、博物・地理・歴史といった見学の要素もあり、将来教員になるための教養を深めることも意図していた。なお、師範生の場合、こうした行事への参加費用は公費負担だったと推測されている。

師範学校を中心に、こうした「行軍」と「学術研究」の二側面をあわせもつ「修学旅行」が広まり、それを経験した教員が中等教育・初等教育の現場に着任するなかで、そこにもこの文化が広がっていった。とはいえ、上で述べたように過酷かつ長期の行程であり、私費負担とするには重いものであったため、当初は10代後半の青少年が通う旧制高校や旧制中学を中心に、泊まりでの短い「修学旅行」がおこなわれ、小学校レベルでは日帰りにとどめられるところが多かった。県によっては、小学校での修学旅行を禁じているところもあったという。

1890年頃の修学旅行には、共通の特徴がみられたという。第一に、「行軍」としての側面と

「学術研究」としての側面をあわせもっていたことである。先に述べたように、軍服や銃の携帯、発火訓練の実施など軍事的側面があったのはもちろんだが、寺社・博覧会・建築物・工場・学校などの訪問先にて教師が主導して学習する機会が多く設けられていた。学習内容は地理・歴史・理科など教科横断的で幅広く、教師はみずからの専門性を生かして多くの説明を現地でおこなった。

第二の特徴は、子どもたちの歩く距離が長く、徒歩移動に多くの時間がさかれたことである。交通機関がまだ整備されていない時代だったこともあり、長いときは1日40キロメートル程度の徒歩移動があったとされる。これは過酷ではあったが、たがいに協力したり助けあったりする機会となり、同時に、自分の村の外へめったに出ることがなかった子どもにとっては、外の世界を体感することができる貴重な機会であった。

第三に、訪問先に他校を組みいれ、子どもたち同士の交流を図り、学校教育への理解を深めさせた。当時からすでに、娯楽のみに興じる修学旅行は「失敗」とみなされており、教師によって学習内容がきちんと計画され、教科教育と結びつき、集団指導としても教育的意義のある修学旅行がめざされていたものといえる。

健康増進が目的だった林間学校

林間学校の始まりも同時代であるが、その出自は修学旅行とは異なる。1890年代後半に欧州の「林間学校」に関する事例が国内に紹介されたのである。スイスやドイツでの「フェリエンコロニー（休暇聚楽）」という教育実践である。身体虚弱児童が夏季休暇に集まり、野外で宿泊しながらおこなうものであった。もともとの意図は、豊かな自然環境を利用して虚弱児童の健康増進をめざすものであって、日本でもこれを模倣した実践が医師によって推奨されてきた部分がある。１９０７年にはじめて東京の九段下でおこなわれた「転地修養会」という実践も、医師が参加して主導したものであった。しかし、かならずしも虚弱児童を対象としておらず、のちの林間学校実践の拡大につながる足がかりとなったともいえる。

１９２０年頃には野外（林間・臨海を含む）に短期間滞在する実践、すなわち現在の「林間学校」「臨海学校」に類似する実践が、全国２２１か所でおこなわれていた。そのほとんどは尋常小学校・高等小学校である。翌21年には林間・

初期の「林間学校」「臨海学校」実施数の推移

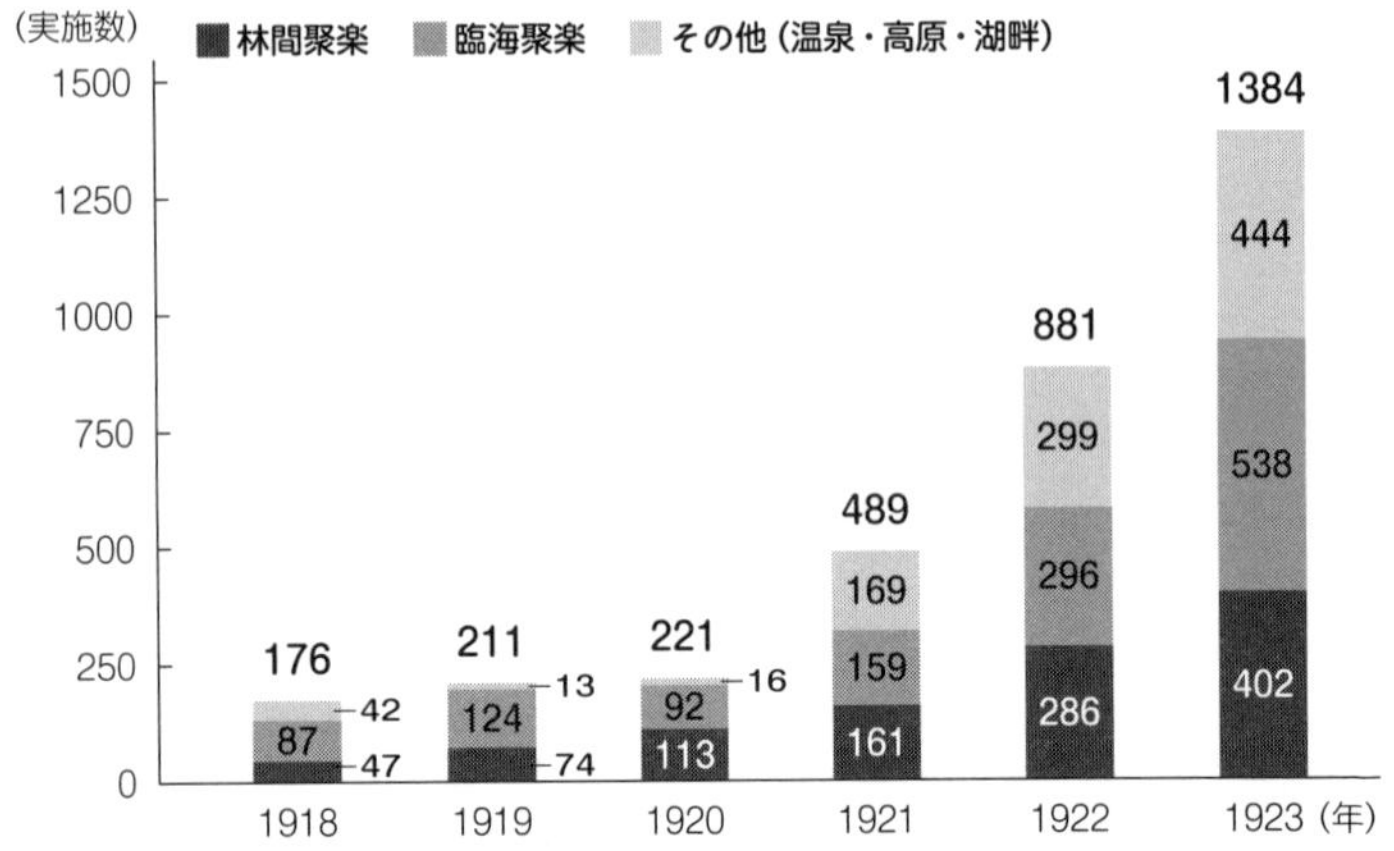

野口穂高「大正期における『林間学校』の受容と発展に関する一考察」
（「早稲田大学教育・総合科学学術院　学術研究〈人文科学・社会学編〉」64号所収）より作成

臨海学校の実施を補助する建議案が可決。実施数は倍に増えた。23年には、20年のおよそ6倍強にまで実施数が急増している。そこでは虚弱児以外を対象とするものや、自然観察、社会道徳の涵養、強靭な心身の獲得などを目的とするものが出はじめ、林間学校・臨海学校は現代に近い教育実践へと変化していっていることがわかる。こうして、林間・臨海学校は宿泊行事の一角として位置づいていったのである。

戦時中、修学旅行はどうなったのか

1901年になると、中学校施行規則において兵式体操が体操科に位置づけられたことから、修学旅行と軍事的要素を分離することが可能となり、訪問見学などの校外学習が修学旅行の中心として位置づくこととなった。とはいえ、ちょうど日清戦争から日露戦争へとむかう時期でもあり、軍事的要素と完全に分離できたわけではなく、訪問先として軍事施設や軍艦などが加えられた。さらに、日露戦争後、日本の中国大陸・朝鮮半島への侵出にともない、師範学校等の修学旅行先として満州・朝鮮が選ばれるようになり、満鮮修学旅行とも呼ばれた。

1930年代になると、急速な経済の停滞とともに日本社会は戦時体制へと追いこまれていき、見学中心の修学旅行も実施が困難になり、また規制も厳しくなりはじめた。そうしたなか、生徒たちの「敬神」「皇室崇拝」の観念を涵養しようということで、伊勢神宮参拝のみが〈別格〉として許可され、伊勢への修学旅行が急増したともいわれている。しかし、その特別扱いも、戦況が悪化するにつれ難しくなる。40年に文部省は修学旅行制限を通知し、その翌年には鉄道割引を廃止した。こうして修学旅行は戦時下で一度、途絶える。

戦後の急速な普及と形骸化

しかしながら、戦後、修学旅行の復活は早かった。高校レベルでは、1946年の時点で修学旅行がおこなわれたという記録がある。食糧難・交通難であった時代に修学旅行を復活させたのは、非日常的な旅行体験をさせたいという教員の思いであったかもしれないが、その旅行風景はいまとはまったく異なっていた。移動の列車は寿司詰めなうえに一般客との相乗りでトラブル

伊勢神宮への修学旅行参拝者数の推移

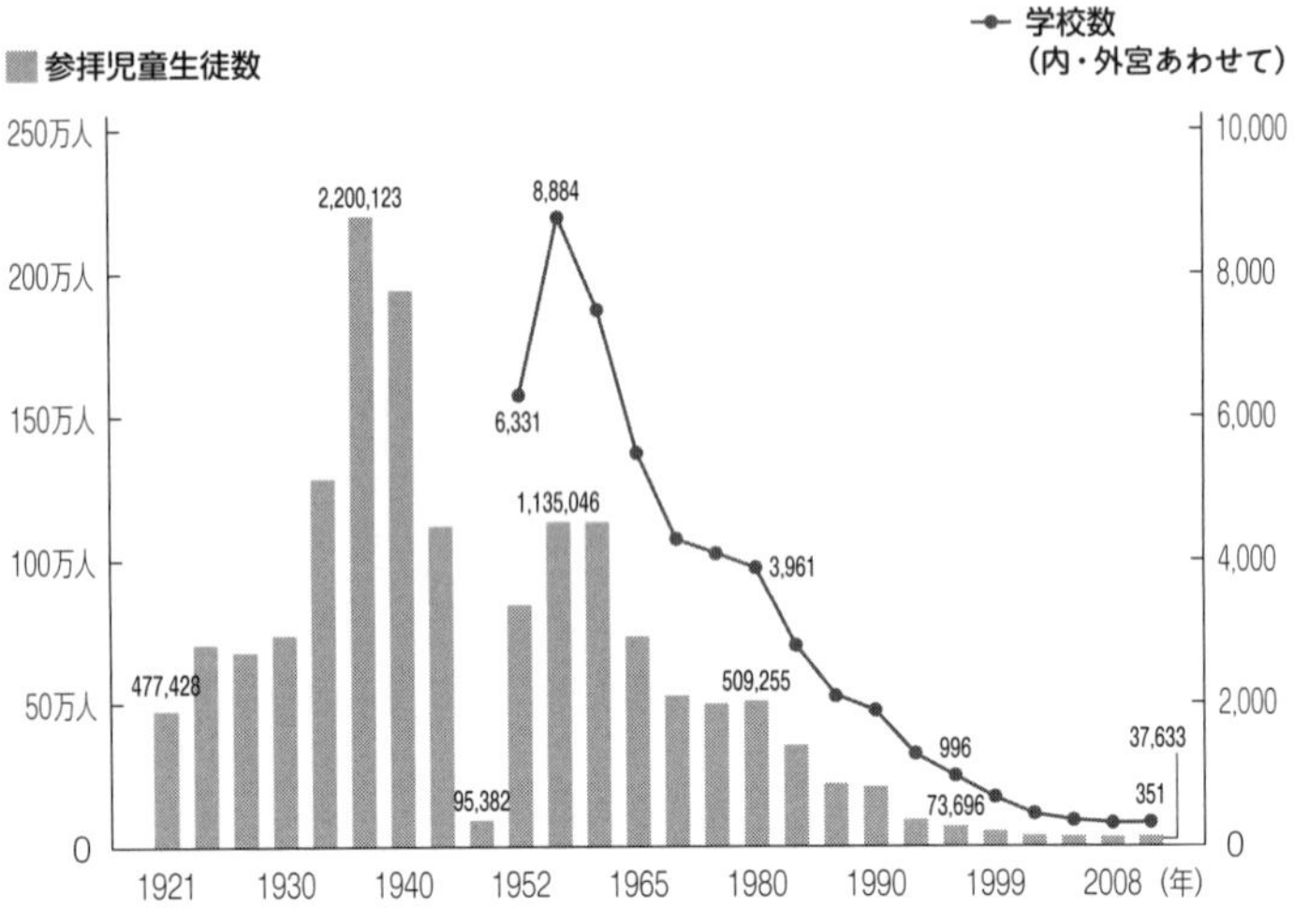

※学校数は1952年からグラフ化した。右目盛りは学校数

藤本頼生「伊勢神宮参拝と修学旅行の歴史」(『神道文化』24号所収)より作成

が絶えず、宿泊先には子どもに面会を求める縁者が訪れ、食糧難から米を持参する習慣が1950年代後半まで続いた。また、旅行先での生徒の非行、教員の無責任・不適切な行動、はては食中毒なども問題視された。

旅行費用の私費負担も大きく、修学旅行をなるべく自粛するよう訴える自治体もあった。たとえば、1950年に東京都教育長は、経済的負担や心身の負担の観点から修学旅行を参加自由とすべきことをうながしている。また、娯楽のみで教育的意義が薄いとして、学校によっては実際に修学旅行を中止したところもある。しかし経済が復興するにつれ、修学旅行の実施校割合は中学校で87％にまで急速に伸びた（1953年）。

急速に復活した修学旅行であったが、当時は教員がすべての手配をおこなっており、その労働負担は大きかった。そこに参入契機を見いだした斡旋業者が現れる。これにより修学旅行の風景は、列車で遠方まで向かい、そこから観光バスに分乗し、目的地ではバスガイドがその訪問先について説明する、というあり方が一般的となった。そこでの教員の役割は、生徒の問題行動を抑止し、安全性を確保し、全員がそろっているか数を数えるといった引率・監督業務に傾くこととなり、戦前にあった「学術研究」としての修学旅行の側面や、入念な準備にもとづいて教師の専門性を発揮するような側面は大きく後退することとなった。

また同時期には日本修学旅行協会が発足し（1952年）、教員の負担軽減や子どもたちの安全性確保を目的とした合同修学旅行が促進された。この協会の調査研究をふまえて東海道線で修学旅行専用車両が54年より走りはじめたことも、修学旅行の風景を大きく変えた。これによって所要時間の短縮や一般客とのトラブル回避などが図られるとともに、奈良・京都への一極集中が促進された面もある（ちなみに、修学旅行専用車両は交通インフラの整備にともない廃止されていき、74年までに全廃される）。

１９５５年、瀬戸内海で連絡船が衝突し、修学旅行中の児童・生徒・教員・父母ら１００余名が亡くなる大惨事が起こった。貧困地域に暮らす子どもたちは、借金をし、ボストンバッグを借りて修学旅行に参加していた。そんななか、「あ、カバンを……」と船室に戻った子も犠牲になったのだ。これを契機に文部省は、教育関係者のほか運輸省・国鉄関係者を含めた修学旅行協議会を開催し、修学旅行の教育的意義を検討した。そして、小学校における宿泊を要する修学旅行の原則禁止や、引率教員の行動指針（飲酒の禁止、児童生徒と食事・睡眠をともにすること）などを通知した。

協議会での議論をふまえ、１９５８年には学習指導要領の「特別教育活動」中の「学校行事等」に、中学校では修学旅行が、小学校では遠足が、はじめて位置づけられた。ここで修学旅行・遠足は、はじめて学校教育活動として正式に認められたわけだが、どの学校でもかならず実施するものと定められたわけではない。

しかし、その後、東京オリンピック開催（１９６４年）にあわせて高速道路と新幹線の交通網整備が進んだこともあり、修学旅行の実施率は高まっていく。中学校では67年に95％、73年に99％となり、ほとんどの学校で実施されるようになった。学習指導要領上では、77年に「修学旅行」という言葉は消え、「旅行的行事」となったが、日本で中学生時代を過ごしたほとんどの人が「修学旅行」を経験しており、まさに国民的行事として確立されたといえるだろう。

高まる娯楽性と過重な費用負担と

このころから訪問先も内容も多様化し、さらに時間的余裕が生まれてきたこと、また修学旅行に関する情報やその土地の情報を調べやすくなってきたことで、班別・グループ別の行動を旅行日程にとりいれる動きが出てくる。多様化の例としては、従来の見学にとどまらない、スキー、稲刈り、勤労や民族舞踊などの体験学習をとりいれたり、沖縄・広島・長崎などで戦争体験を地元の人から直接聞く日程を組みこんだりすることがある。一方で、テーマパークやレジャーランドへの訪問も増え、修学旅行としての意義を問い直す声もある。

わが国独自の国民的行事として幅広く認められた修学旅行であるが、そのことと、すべての人が修学旅行を経験している、ということは一致しない。修学旅行が実施されていても、参加していない子どももいるからである（1959年の修学旅行を実施した中学校を対象とする調べでは、9％が不参加であった）。不参加の理由は本人の病気だけでなく、経済的理由がどの年代でも多くの割合を占める。59年より、自治体が就学援助制度で修学旅行費を補助する場合に国庫補助が出ることとなったが（就学困難な児童及び生徒に係る就学奨励についての国の援助に関する法律）、それでもこうした状況はなかなか改善されずにいた。それは、就学援助制度による修学旅行費の保障が、交通費・宿泊費・見学料にとどまり、身につけていく服やバッグ、そして小遣いなどは含まれないことも原因としてあげられるだろう。修学旅行につきものとなってきた娯楽の部分への対応も、経済的に厳しい家庭にとって簡単なことではない。

こうした修学旅行の歴史にともない、教師や子どもたちの意識も変容してきたのだろう。1973年に日本修学旅行協会がおこなった調査では、修学旅行実施のねらいとして中学校の教員がもっとも多くあげたのは「歴史学習」で36％、ついで「集団生活の訓練」で28％であった。第二のねらいとしては「生涯の思い出を残す」と答えた教員が10％程度いた。また興味深いのは、子どもたちの意識である。東京都公立高等学校修学旅行委員会が1975年におこなった調査では、修学旅行を「息ぬき」と考えている高校生が約半数を占めた。修学旅行後の評価については、「さわいで楽しい」が70％以上を占めてトップであり、学習面での高評価は30％にとどまった。教師と子どもたちとのあいだで、修学旅行のあり方に対する意識の乖離が進んでいるとみることもできるし、修学旅行の形骸化を示しているとみることもできるだろう。

こうして、修学旅行は現在のあり方へとたどりついた。1970年代後半から80年代にできあがったあり方と現代の姿がそう変わらないことには驚かされる。そのことは、修学旅行などの宿泊行事にかかわる問題点が、40年前とほぼ変わっていないことを示唆している。娯楽としての修学旅行の存在意義、私費負担の過重性、安全性の欠如、斡旋業者による〈パッケージ化〉された学習内容、教師の専門性の欠落、教科教育との関連性の低さなどである。こうした問題点をいかに考えるべきか、次節ではとくに費用負担の面に着目して考えてみたい。

理念

参加の強制が家庭に何をもたらしているか

生活指導・道徳教育の目的をもつ学校行事

修学旅行など校外活動への参加は、昔もいまも、基本的には私費負担とされる。先述の小説『二十四の瞳』には、経済的困窮のため修学旅行に行くか、洋服を買うかの二択に迫られる少女が描かれている。困って泣きそうな母親の顔を見て、少女は修学旅行をあきらめるのだ。これは当時ゆえの特殊事情ではなく、いまも起こっていることだ。これまでみてきたように、修学旅行はその存在意義を何度も問いなおされ、批判的に検討されてきた歴史をもつ。しかしながら、その問題点はなかなか解消されないまま、子どもたちは当然のように全員参加を求められ、保護者は費用負担を迫られているのが、現在もつづく修学旅行の姿であるといえる。

現在、修学旅行など校外での活動は、学習指導要領のなかで「特別活動」の「学校行事」に位置づけられている（以下は小学校）。

「（4）遠足・集団宿泊的行事
自然の中での集団宿泊活動などの平素と異なる生活環境にあって、見聞を広め、自然や文化などに親しむとともに、より良い人間関係を築くなどの集団生活の在り方や公衆道徳などについての体験を積むことができるようにすること」

とされている。そもそも、「学校行事」とは「体験的な活動を通して、集団への所属感や連帯感を深め、公共の精神を養」うことが第一義的にめざされており、今日、どちらかというと生活指導・道徳教育的な側面が強いことは明らかである。「体験的な活動」としては、たんなる見学や見物、鑑賞にとどまらず、修学旅行であれば農業・漁業・就労体験やその土地の人との交流・講話の傾聴など、林間・臨海学校や遠足であれば野外観察や星空観察、自然に親しむレクリエーションなどがあげられるだろう。

実際、2000年代に入ってから修学旅行で体験学習

中学校修学旅行における体験学習・自主見学実施率の推移

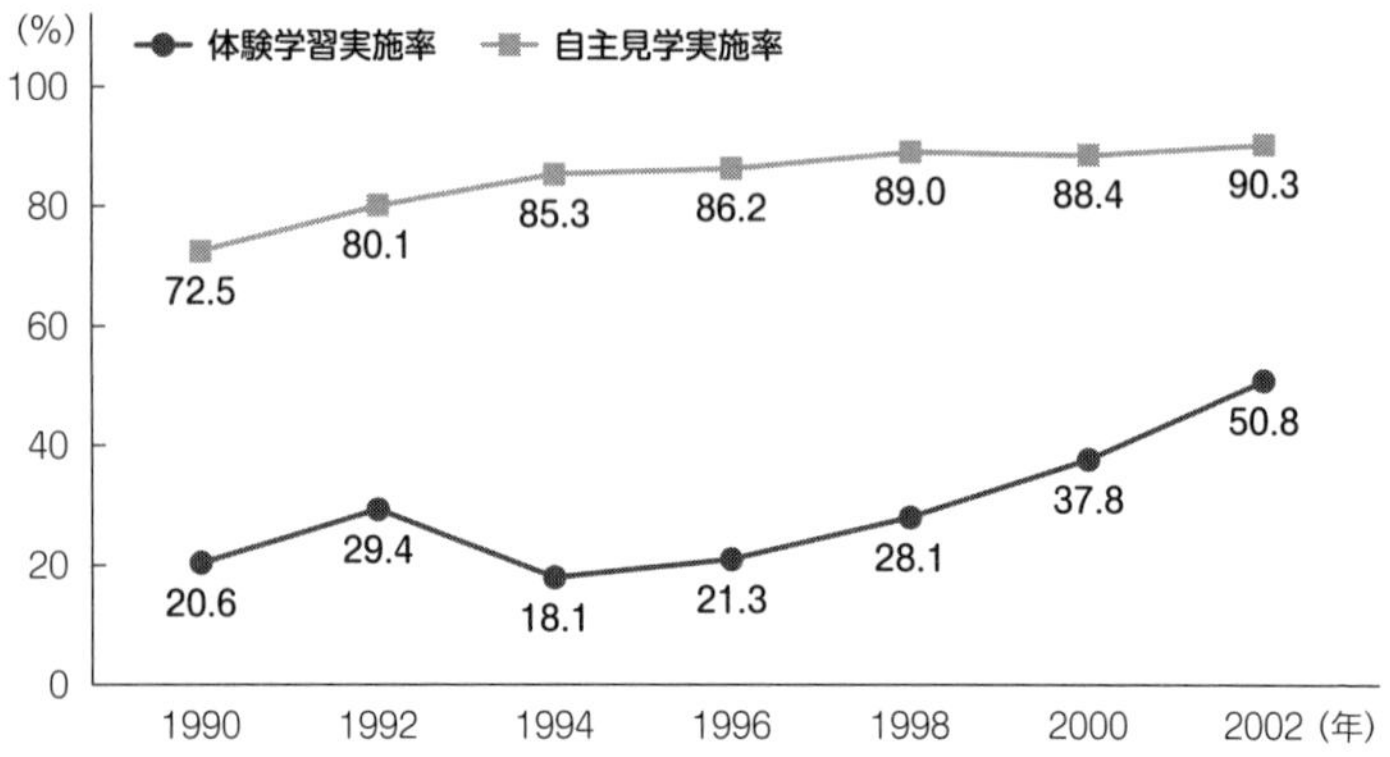

河上一雄「わが国の修学旅行の歴史と今後の展望」（『月刊観光』457号所収）より作成

をとりいれている中学校は、すでに半数以上にのぼる。こうした体験活動を通じて、「集団への所属感や連帯感」や「公共の精神」を養うのである。加えて、「目的地において教科の内容に関わる学習や探究的な活動を効果的に展開すること」（小学校学習指導要領・解説）とされ、教科教育の要素も求められている。

参加の強制性が侵害しているもの

現在の修学旅行の多くは、事前学習などはおこなうものの、基本的に旅行会社のプランにのっとっておこなわれ、新幹線で移動したら目的地では観光バスに分乗し、タイトな日程をこなしていくことがメインとなる。ただし、奈良・京都や日光の寺社仏閣めぐりに傾倒していたかつてとは異なり、戦争体験をふりかえるための沖縄・広島・長崎訪問や、農業体験であれば東北・北陸など、旅行の目的に対応して目的地も多様化している。

近年では、首都圏であればディズニーランド、関西であればユニバーサル・スタジオ・ジャパンが組みこまれることも多い。数人のグループごとに、自分たちで選んだ見学地をめぐる取り組みもかなり多いが（基地方式と呼ばれる）、楽しいところやメディアによくとりあげられる場所が選ばれやすい。そのため、教師の主導性は低く、カリキュラムとしての位置づけもあいまいになりやすい。教師がその教科専門性を発揮する場面はないに等しい。

しかしながら、保護者の経済的負担は重い。とくに学校が集金するものに含まれない、そして就学援助制度によっても補助されない〈見えない私費負担〉は思いのほか多い。それほどに重い負担を背負っても、教育的意義の高い活動であれば「しかたない」と感じられるが、これまで何度も問題視されてきたように、「修学旅行」といいながら内実はほぼ「観光旅行」となっていて、「娯楽」「息ぬき」「ぜいたく」「金の浪費」になっている例も少なからず存在していることから、この私費負担の現状は問題となる。修学旅行に「行く」ことじたいがほぼ強制であるうえ、目的地や日程が他律的に決められることも問題だ。しかもその他律に、教師の専門性はほとんど介在していない。

もうひとつ着目する必要があるのは、このような決定のあり方が、子ども自身や家庭の信念・信仰を制約したり、侵害したりしている可能性があることだ。宗教上の信念を伏せて寺社見学へ送りだしている親もじつは少なくないだろう。競争を禁じる宗教を信仰する家庭が子どもを運動会に参加させたくない、という事例や、信仰にもとづいて学級でのクリスマス会を欠席させたい、という事例もある。同様の文脈で、入学式・卒業式への出席もおおいに問題となる。

また、宗教上の理由のみならず、家庭での教育上の信念と学校行事との関係性にも問題は存在する。たとえば、「子どもをレジャーランドには連れていかない」という教育方針をもつ家庭はあんがい多いものだが、修学旅行ではその方針をねじ曲げて子どもを送りださざるをえない（そして子どもは帰ってきてから「楽しかった！　また行きたい！」と言うのだ）。「こうしたことは学習指導要領のいう『公衆の道徳』『公共の精神』を涵養することなのだ」という反論もあるかもしれない。しかし、実際に学校や教員が、こうした公共の精神と思想・良心の自由、信仰の自由との葛藤に自覚的なのかといえば、それはひじょうに疑問だ。

宿泊行事を開催する学校の責任

修学旅行やその他の校外での活動は、かならずしも実施が学校に義務づけられているわけではない。その目的を達することができる別の活動があれば、それで代替してもよい。また、実施が義務でない以上、その活動に出席するかどうかも、本来は子ども自身や保護者の「自主的」な判断にゆだねられて当然である。学校として全員に参加してほしいのであれば、それにみあう実質的な価値のある活動を提供できるかどうかが大事な点となってくる。そこにおいては、安全性と教育的意義を確保しつつ、費用をなるべく抑えることも重要だ。

小遣いの金額を制限している学校も多いが、新たな服やバッグ、靴を無駄に買うことのないよう、事前に保護者へのていねいな説明も必要である。キャンプ用の大きなバッグや寝袋、懐中電灯（ランタン）などは、学校で使い古しをゆずってもらったりするなどして、林間学校でだけ貸し出すことも可能なのではないか。費用を抑えるため、遠方のキャンプ場まで行かず、学校のグラウンドでテントを張って寝泊まりするなどの形式もある。教育目的を達成することのできる多様な行事のあり方が本来あるはずで、「修学旅行とは…」「林間学校とは…」と型にはまった考え方にとらわれる必要はない。

最後に、不参加の子どもの扱いについて述べる。修学旅行などの校外学習や学校行事に経済的理由や思想信条的理由から行くことができない子は、「欠席」扱いとなる場合がある。担当教員も引率で出はらうときには、そうした子は登校せずに家庭学習を命じられたりするが、家庭学習をしても、扱いは「欠席」だ。これがおかしなことだということは、体育で体調の悪くなった子が授業を見学したり、かわりにレポートを書いたりすれば「出席」となることを思いおこせば、すぐに納得できるだろう。同様に、経済的理由や思想信条的理由により校外学習・学校行事に参加できない場合は、学校がそれにかわるレポートや自習などの措置を準備する必要があり、子どもがきちんとそれに取り組んだなら「出席」と認められなければならない。

先に述べてきたように、修学旅行などは、学校の裁量で実施され、教育課程のなかに位置づけられている学校行事だ。病気などの事情ではやむをえないが、子ども本人は出席して取り組む意思があるのに参加できない状態であるなら、そうした条件を生みだしているのは学校側なのだということを肝に銘じる必要がある。

対策

教育目的にあった実施方法を

交通手段ひとつにも議論の余地がある

校外学習の対策・対案から考えたい。そもそも校外で学習する意義は？——と追及したいが、どうしても教室では学べないこともある。現地へおもむくことで理解が深まることはかならずあり、これこそホンモノを味わうというねらいが生きてくるだろう。ただし、それは社会科見学レベルの私費負担の話であり、その程度であれば、費用対効果はそれなりに期待できる。

それをゆうに超える費用が必要となる修学旅行が、卒業旅行的なイベントとなっていないか、考えなおす必要がある。中学校で京都・奈良へ行くことの是非を考えてもらいたい。個人的には中学生に京都・奈良は早すぎないだろうかと思っている。もちろん、事前学習をしっかりおこない、現地でホンモノを味わって事後学習につなげるというプロセスはよいと思うし、意義はあるだろう。

しかし、費用はどうか。わたしの近隣校では、ジャンボタクシーを借りて寺などをまわっている例が多い。貸し切りで、1時間ひとり1000円程度、半日（6時間）乗ったら6000円である。7人で半日乗って1台4万2000円。少々高くないだろうか。これまでも班別行動にタクシーが使われることは多かったが、運転手にガイドを頼むのではなく、現地のシルバー人材センターに委託した学校もあった（京都市シルバー人材センター・修学旅行付き添いサービス）。その場合、ガイド料（ガイド1名）は半日（6時間）で7000円だが、それを班員で均等割りできる。7人の班ならひとり1000円だ。もちろん、そのほかに交通費が加算されるが、6000円にもなることはないだろう。反面、タクシー行動のほうが安全であるという反論は否めない。

このようにさまざまなことが考えられるため、学校だけがプランを立てるのではなく、保護者も交えることで論議に深さが増すのではないだろうか。

業者選定、観光イベント化、全員参加の慣例を見直す

旅行会社の選定に関しても、正直、見えない部分は多い。保護者は旅行費用に対して、どうしてこの金額になったかというプロセスを引き出していく必要もあるだろう。修学旅行費にかぎらず、学校は説明責任を果たしているつもりで「ただ説明しただけ」の場合が多い。説明責任とは、相手が納得できるような説明をすることである。

埼玉県川口市の場合は、修学旅行を扱う業者選定を「校長会」（川口市立中学校の校長による組織）と旅行会社が契約するかたちをとっていて、市内すべての中学校について一括して決定される。そのため、すべての中学校で、部活動の大会時期などを避けて日程を決めることができ、新幹線から旅館までの予約やピストン輸送計画もスムーズにできている。このことは評価できるが、わたしが採用されてからの約20年間で契約している旅行会社はずっと同じである。

市内の26校すべてとなると、約５０００人の生徒の移動・旅行を調整することになる。それが可能な業者はかぎられるかもしれないが、なかなか情報が開示されてこない。毎年、数社のプレゼンテーションがあって選定過程の報告をおこなっているような学校と比べると、不透明であることは否めないだろう。気になることは説明を求める、気にならなくても聞いてみることは、費用面での改善を図るうえで大切な一歩となるはずだ。

前節でみてきたように、現在の修学旅行が学習の一環として真にとらえられているのかも見直して

いくべきであり、卒業イベントとしての観光旅行ではなく、教育的意義の再検討が必要だろう。また、場所の選定に関しても惰性的ではなく、目的を達成するために必要な校外学習の場や行程を検討していくべきである。

参加の強制については正直、解決が困難である。学校では、「全員が行くもの」として費用を積み立て、事前・事後学習の計画を立てている。欠席者への旅行中の対応も、家庭学習か校内で自習が一般的となってしまっている。高額の費用負担を強いて不参加の選択も容易にできない状態は見直す必要があるだろう。費用負担にだけ焦点をしぼって考えるなら、「参加の強制＝公費負担」のロジックを立てるべきであり、せめて費用は無償であるべきだ。観光旅行に公費をあてるのはいかがなものかという住民意見も想像できる。だからこそ、教育的意義の再検討が課題なのだ。

教育目的と乖離していくお膳立てを見直す

つぎに、合唱コンクールの貸し会場問題を考えてみよう。ここでは「ホンモノ」を体験させる意義がどれだけあるかを批判的に検討してみたい。体育館で合唱をおこなうより、専門の施設を使用したほうがホンモノ感を味わうことができるだろう。当然だ。しかし、教育課程の目的はホンモノ感を味わうことより、合唱コンクールという行事を実施することにある。もちろん、その先は音楽科の授業や学校生活に成果をつなげることにある。一度や二度、ホンモノの会場を使用させたことで、どれだけの効果が見込めるのか、費用対効果を考えれば、わずかばかりではないだろうか。会場費だけではなく交通費もかけて、学校から離れた会場でおこなう意義を説明できるだろうか。

このような批判の声は、おそらく少ないと思う。保護者だって、体育館より音楽ホールで聴いたほうが気分がよいだろう。しかし、あえて言及しておく意味は、このような考え方が少しずつ広まってきたことと、制服やジャージ、補助教材などにかかる私費負担が増大してきていることとの因果関係が否定できないということだ。便利なモノ、よりよいモノへの欲求が広がっていくのは当然のことである。そこで、たちかえってほしいポイントが、その目的と効果だ。

ホンモノ志向には際限がない。美術科の授業で作品をつくるため、海外から仕入れた材料を使い、ホンモノを味わう。家庭科の授業で高級食材を使った調理実習をおこなう――などなど、キリがなくなる。美術科の目標は、「表現及び鑑賞の幅広い活動を通して、造形的な見方・考え方を働かせ、生活や社会の中の美術や美術文化と豊かに関わる資質・能力」を育成することであり、家庭科の目標は、「生活の営みに係る見方・考え方を働かせ、衣食住などに関する実践的・体験的な活動を通して、よりよい生活の実現に向けて、生活を工夫し創造する資質・能力」を育成することである。義務教育段階の子どもに求められている学習目標を達成させるために、どれだけの素材やお膳立てが真に必要かを吟味することが求められる。音楽鑑賞教室や芸術鑑賞会などにも同じことがいえるだろう。

卒業記念品は本当に必要か

式典については、まず、卒業式にむけて必要となっている費用を考えてみよう。この対策・対案はシンプルだ。卒業準備費・卒業対策費の徴収をただやめればよいのだ。

しかし、実現はそう簡単ではない。「ずっとやってきた」「未納があったけどなんとかなった」「役員はたいへんだけど、卒業生のためにがんばった」など、いろいろな理由をあげて「やめる」という判断を下すことができないだろう。もちろん、そこに学校側の意見も入ってくる。

ほかのPTA役員と比べて、卒業準備・卒業対策の役員を連続でやることは考えづらい（年子の保護者でも、なかなか立候補しないと思われる）。そのため、反省が次年度に生かしづらいのだ。抜本的改革をしよう！ というより、例年どおりという保守的思考に走る。学校に相談するにしても、連続で卒業学年を担当している教員も少ない。そのため、卒業学年外の教職員を頼りに改革していくことが近道だと考える。副校長や教頭ならPTA役員とかかわることも多いだろうし、主幹教諭や教務主任もかかわりが考えられる。また、お金に関することなら事務職員を頼ってもいいだろう。わたしもTの立場からそれなりに改革を手助けしてきた経験がある（余談だが、今年はわが子の通う学校で、Pの立場で卒業準備委員を引き受け、改革を進めている）。

具体的なモノとして、卒業生一同から学校に贈られる「卒業記念品」への対策を考えてみる。

読者のみなさんは、自分が卒業した学校に「○期卒業生一同　卒業記念品」というプレートが貼られた物品を残したい気持ちはどれほどあるだろう？ わたしの経験では、卒業記念品には掲示板・冷凍庫・テント・時計などが多く、どれも公費で購入することが可能な備品ばかりである。この章の「実態」編で述べたが、毎年テントを1張ずつ増やしていくなら、とうぜん公費(備品費)で対応するのが本来のあり方だ。

公費予算が十分ではなく記念品に頼らなくてはならない状況であるなら、少なくとも前年度踏襲の予算や方法で継続させるのではなく、廃止していく方向を視野に入れて検討していくべきである。もし、廃止できないのなら、記念品にあてる各自の出費は、卒業生の数が変わっても変動しないようにすべきである。つまり、記念品の総額を○万円とするのではなく、記念品代として「ひとり○円×卒業生の人数」と設定することだ。これにより、記念品購入費は毎年変わることになるが、卒業年(卒業生の人数)によって個人負担が増減することはない。学校は、その年の提示金額をもとに記念品のリクエストを出していくべきである。そう、卒業記念品といっても、卒業生が「これを記念品として寄贈します」と決めるケースは少なく、多くは学校側と相談して決めている。

最後に周年行事についてだが、執念で続ける周年行事なんて廃止しよう!――とは、さすがに言えない。反対派の執念がスゴそうである。タイミングよく、わたしは勤務校を異動するたびに周年行事を経験している。わたし自身もそれぞれの学校に思い出はあるが、地域の方々がもつ「想い」に比べたら弱いのかもしれない。やらないのではなく、子どもたちとともにおこなう集会の延長線上で周年事業を計画したらどうだろうか。

歴代校長の生存確認や、関係者への招待状の送付を大々的におこなうのではなく、教職員は前年度

（離任式に呼んだ対象）までにしぼり、厳粛な式典イメージではなく、子どもたちの歌や学校の思い出の朗読などがあったら、十分な記念式典にならないだろうか。10年前の記念誌を探しだし、それを参考に記念誌をつくりあげるのもたいへんな作業である。子どもたちの寄せ書きやイラストで文集をつくれば、十分な記念誌にならないだろうか。お金をかけて厳粛にすればよい行事になるとはかぎらない。公費で運営するためにも、ふだんの教育活動に使う予算とは別に、自治体は多少なりとも公費配当を上乗せしてくれれば問題ないだろう。

═ 終章 ═

「受益者負担」は正当か

本書では、公立小中学校の〈モノ〉と〈コト〉にかかる費用を【実態】【歴史】【理念】【対策】の観点からとりあげてきた。そもそもなぜ、学校でかかる費用を問題にするのか？

「子どもが使うんだから／着るんだから／食べるんだから／汚すんだから、保護者が払うのが当たりまえ」「子どもたちのためになるんだから、親で分担して払わないと」「義務教育って、親が教育を受けさせる義務だもんね」「数百円程度の費用負担もできないのか」という考え方もあるだろう。

これは筆者が大学で授業を担当している教職志望の大学生もよく口にする意見だ。こうした考え方は、「受益者負担」と呼ばれる。すなわち、そのモノ・コトから利益を得る人が費用を負担するべきで、義務教育の場合、受益者は子どもと想定されるが、子ども自身は費用負担ができないため、その保護者が費用負担をすべき、となる。しかし、こうした考え方はふたつの視点から問題がある。

第一に、貧困や私費負担の現状への無理解ゆえに、「数百円程度」が積みかさなる私費負担の重みや、その必要性の程度を見直すという課題の存在を見過ごしている

子どもの貧困問題への無自覚

るということがある。

厚生労働省による「平成28年度国民生活基礎調査」（2017年6月発表）においては、子どもの貧困率は3年前よりもやや改善して、13・9％となっている。しかし、ひとり親世帯では貧困率は50％を変わらず超えており、子どもの貧困問題は解消したとはけっしていえない。この国民生活基礎調査で採用されている貧困の概念は、食べるものや住む場所などに困る「絶対的貧困」とは区別される、「相対的貧困」である。これは簡単に説明すると、経済的に苦しいためにほかの人と同様の生活を送れないような状態のことである。

本書のテーマにあてはめると、これは、経済的に苦しいために、ほかの児童・生徒と同じモノを持っていっしょのコトをするのが難しい状態のことを指す。そのような家庭が一定割合で存在することが、この調査によって明らかになっているのだが、日常生活ではそうした家庭やその子どもの存在は見過ごされがちだ。

とくに問題なのは、先の教職志望学生と同様に、学校関係者までもが、こうした子どもの貧困問題を保護者のモラルや気持ちの問題としてとらえており、その窮状を理解するどころか、むしろ保護者の経済的負担を増やしていることである。学校にかかるモノとコト、そもそもの教育的意義をふりか

えることなく、また法令上の費用負担転嫁・保護者負担等に関する制約について知ることなく、教育活動の計画（指導計画）を立て、それに必要な教材の費用をあとから保護者に請求したりする。

また、制服や修学旅行などの全校的な校則や教育活動については、一教師の判断ではなんともならないとして無自覚な前例踏襲が続いたり、あるいは「学校の特色」となる遠方への修学旅行やデザイナーによる新制服導入が経営の論理で促進されたりする。これらは「子どものため」「教育活動の充実」「子どもたちも喜んでいる」とされるのでやっかいだ。こうして受益者負担の考え方は保護者にも子どもにも内面化し、保護者は自発的に高額の学校徴収金を支払い、ＰＴＡや後援会などを通じてさらなる費用負担を申し出ることとすらある。そして、「みんなが平等に払っている」状況が崩れると、すなわち支払えない人が出てくると、「あそこのうちは……」と眉をひそめるのだ。

十全とはほど遠い支援制度

こうした問題状況を指摘すると、「そうした貧困家庭については救済策があるはずだ」との反論を受けることがある。たしかに、子どもの貧困問題が注目されるようになってから、これまであった就学援助・教育扶助制度の拡充がめざされ、生活困窮者自立支援法にもとづく学習支援事業の普及、給付型奨学金制度の導入、子ども食堂やフードバンクなど食生活を支える取り組みなど、経済的に豊かではない家庭の子どもたちを手助けする制度・取り組みが活発になってきている。本書でとりあげてきた補助教材費、給食費、制服代、修学旅行費用、また自治体によっては部活動費用なども給付される。

しかし、「貧困家庭にはもうお金が渡されているから、そうした家庭からも学校にかかる費用を徴収するのはかまわない」ということになるだろうか。就学援助や教育扶助など、特定の児童・生徒に対して学校でかかる費用を給付することを「選別的現金給付」と呼ぶことがあるが、こうした方策については、さまざまな問題が指摘されている。給付額、給付費目、対象家庭の限定性（端的に「足りない」「行き届いていない」）、給付金の流用（「別のことに使ってしまう」）、申請主義の弊害（「申し込みが面倒ください」「制度そのものを知らない」）、自治体間格差（「隣の市なら保障されるのに」）といったものだ。仮に、こうした制度の問題がなかったとしても、そのことをもって本書でとりあげてきたような実態が許されるわけではない。

気をつけなければいけないのは、貧困家庭への選別的現金給付は、「家庭が払えない部分を国あるいは自治体が補助する」ことを意味し、ここには、「その対象費目は私費負担（受益者負担）で当然」という考え方が前提にあることである。そのため、選別的現金給付の拡充は、私費負担（受益者負担）の範囲の拡大と同義であり、その裏返しの効果として、公費負担すべき領域を縮小していくこととなるのだ。そのため、貧困家庭向けの支援施策に関する充実は、短期的には必要であり重要な進展であるが、あとに述べる公教育の無償性理念とは矛盾することは自覚しておく必要がある。

これは、貧困家庭向けに昨今広がりをみせている、民間あるいは自治体による学習支援や子ども食堂などの現物（サービス）給付施策にも同じことがいえる。学校外の無料塾が充実する一方で、公立学校が学力保障を無料塾まかせにしては意味がないし、また公立学校でかかる費用が増えていっては意味がない。貧困家庭向けの受け皿はすぐにも必要であるが、そうした選別的施策としてではなく、長期的には、すべての子どもたちが公立学校で同じように学び、同じように成長できる環境が保障されていてほしい。学習支援事業にたずさわる筆者と同業の研究者は、「この事業がいつか必要なくなるとよい」と述べていた。「学校のなかで、子どもたちの権利が保障されるようになってほしい」と。

無償とは何か、なぜ無償か

第二に、日本国憲法や国際条約において謳われている公教育の無償性原則とはまったくかみあっていないまま、学校が私費に頼り(保護者の)負担を肥大化させている現状を、無自覚に肯定しているということである。

序章で紹介したように、日本国憲法26条2項後段には、「義務教育は、これを無償とする」という条文がある。家庭の状況に左右されることなく、すべての子どもが義務教育を受けるための経済的保障として、この「公教育の無償性」理念が掲げられている。

現金給付の場合だと、先に述べたように、実際かかる費用に対する給付金の不足や、家庭における給付金の流用のような問題が発生しがちである。そしてなにより、現金を介して教育というサービスやそれに必要なものを〈購入〉するという行為は、権利保障の道筋としてはふさわしくない。子どもたちの成長発達に必要な教育という営みは、金銭の授受を介さずに、その営みそれ自体が子どもたちの手元に届けられることが必要だ。

そのため、この条文でいう「無償」とは、教育というサービスにかかる費用を家庭に渡す「現金給付」ではなく、教育というコトやそれに必要なモノを直接子どもたちに届ける「現物給付」という形式を指すものとされている。権利保障の程度は経済的理由により左右されるべきものではないし、権利保障は〈金で買う〉ものではないからだ。

ただ、この条文については解釈のうえで争いがある。すなわち、ここでいう「義務教育」とは何を指すのか、「無償」の範囲がおよぶのはどこまでかということが争われている。この争いにはふたつの軸がある。ひとつは、対象の学校種がどこまでおよぶかだ（垂直的範囲ともいう）。

公教育の無償範囲を拡大する

これについては、学校教育法17条において義務教育の対象年齢が「子の満六歳に達した日の翌日以後における最初の学年の初め」から「満十五歳に達した日の属する学年の終わり」までと指定され、学校種も小・中学校、義務教育学校、中等教育学校、特別支援学校の対象学年、と規定されており、本書においてもこれをふまえ、おもに公立小・中学校を対象として論じてきた。

しかし、これに加えて日本は憲法にもとづいて、国際条約を批准している。批准した条約は国内法としての効力をもつ。たとえば子どもの権利条約28条では、中等教育すなわち中学校・高等学校の教育に関して「例えば、無償教育の導入、必要な場合における財政的援助の提供」を国に要請している。義務教育諸学校にとどまらず、高等学校やその上の段階、あるいは、近年日本では政治的争点としてもよく浮上する幼稚園についても、無償性を実現することが国際的には求められているのである。

もうひとつの軸は、無償対象の費用がどこまでおよぶかだ（水平的範囲ともいう）。日本では歴史的にこの論点をめぐって熱く学説が対立してきた。それは、日本国憲法が制定された1946年という年が、国全体が戦争の痛手を引きずっている時代であったことも影響を与えていると考えられる。

憲法上に「無償」を掲げたことはよいが、国や自治体がすべて費用負担をして義務教育段階における子どもたちの教育を受ける権利を保障することは、国家財政・自治体財政のいずれにおいても難しかったため、なるべく無償の範囲を限定するような解釈が、当初は唱えられた。それが無償範囲法定説（プログラム規定説）である。無償の範囲は、そのときの国の財政事情に応じて法律で具体化されると考える解釈だ。これによれば、財政が苦しいときには保護者負担によって教育活動がなりたっていても違憲ではない、と考えられるが、この解釈は、憲法が無償と定めているものを下位法である法律によって規定できるのはおかしい、ということか

現在の無償化施策の範囲（公立学校）

←水平的範囲→

↑垂直的範囲↓

<table>
<tr><th></th><th>授業料</th><th>教科書</th><th>教材・学用品</th></tr>
<tr><td>大学</td><td>授業料減免・給付型奨学金</td><td></td><td></td></tr>
<tr><td>高校</td><td>就学支援金</td><td></td><td>生業扶助・奨学給付金</td></tr>
<tr><td>中学校</td><td rowspan="2">無償（教育基本法）</td><td rowspan="2">無償（教科書無償措置法）</td><td>教育扶助</td></tr>
<tr><td>小学校</td><td>就学援助</td></tr>
<tr><td>幼稚園</td><td>子ども・子育て支援給付</td><td></td><td></td></tr>
</table>

ら、現在ではあまり有力な説とされていない。

長らく有力だった解釈は、憲法の定める無償の範囲は「授業料」のことである、と考える授業料無償説である。授業料無償説は行政や判例にも支持され、通説と理解されてきた。これに対し、授業料のみならず、教科書やその他の教材、学用品など「修学」に必要なあらゆる費用を国または自治体が負担すべきで、子どもはそれを無償で享受できるようにするべきだと考えるのが、修学費無償説である。

授業料が無償であったとしても、それ以外に学校にかかる費用がある場合、その費用負担をできない家庭の子どもは、ほかの子と同じ教育活動をあたりまえに経験することができない。教育を受ける権利を保障するためには修学費無償説の考え方に立ち、経済的事情によって子どもたちが学校から排除されることなく、みな同様に学校に通い、教育活動にアクセスすることが保障される必要がある。子どもの貧困問題が深刻化している現代においては、修学費無償説の存在意義はひじょうに大きい。

実際、日本の教育政策は、授業料にとどまることなく、１９６０年代に義務教育段階については教科書代を無償とし、２０１０年には公立高等学校についても授業料を徴収しないという画期的な展開をみせてきた（現在は所得制限が課されている）。このように、垂直的方向にも水平的方向にも無償の範囲を広げていくことで、子どもたちの教育を受ける権利が十分に保障される環境が整えられる。それが子どもの教育を受ける権利に対応する、国としての義務である。

翻って、本書でみてきたような実態は、こうした法令で実現されてきた無償性の拡大とはまったく逆行するものだ。仮に教育政策が修学費無償説の方向に動いていたとしても、学校現場では「公費の少なさ」を理由に、あるいは「多様な選択肢」や「教育の充実」を理由に、私費負担が重くなる一方である。現在、私立高校における授業料補助の制度が進んでいるが、学校があいついで授業料をひき上げているとも聞く。公費保障が増えても、そのぶん私費負担も増やしては本末転倒であるはずが、公教育無償性の理念に関する学校側（学校法人側）の無知が倒錯した現状を招いている。

どんな子どもも排除されない学校を

お金という側面から学校について論じてきたが、「高い／安い」だけを議論したいわけではない。日本に住んでいれば、すべての学齢期の子どもたちは学校に入学し、起きている時間のほとんどをそこで過ごす。そこにはかならず、授業に使うモノ、身にまとうモノ、食べるモノ、学校に通うために利用するモノ、などがつきまとう。家であればこうしたものは、子ども自身や親が選ぶことができるが、学校という場になると、子どもにはそれを選ぶ権利はなくなる。親もまた、選ぶ権利はなくなる。さらに、出席しなければいけないコト、参加しなければならないコト、みんなといっしょにしたいコトのためにもお金は消えていく。その学校に通うためには、選択の余地なく、支払いが必要となり、ほとんどの場合、それを「持たずに／身につけずに登校する」こと、「用意しない」「払わない」「買わない」ことは不可能である。それを購入できないことでその子どもたちは学校から排除・放逐されていくことすらある。

たとえば、制服を身につけていないと、校門をくぐることすら許されないことがある。授業で忘れ物と認識されれば、取りに帰れ！　と言われることもある。給食の場合は、さらに悲惨だ。子どもたちの自主的な活動であるはずの部活動でさえ、活動費用の負担が難しい家庭の子どもは、自分の望まない部を選ばざるをえない現状がある。「払えない」がための悲劇が、毎日のように起こっている。

ふだんこうした悲劇は、隠れていて見えない。当事者がその負担の重さを見せたがらないことが多いこともあるが、それ以上に、まわりの人びとがこうした教育費をめぐるさまざまな問題を気にしていないか、あるいは「かくあるべき」と思いこんでいるがゆえに、隠れて見えなくなっている。目の前にある悲劇を隠して、見えないようにしているのは、私たちの意識だ。

しかし、それは本当に保護者が払わなければいけないお金なのだろうか。本当に必要なものなのだろうか。ほかのもので代替できるのではないか。無駄に高いものを買わせて、買わされているのではないだろうか。そもそも、こうしたことをきちんと考えて学校はお金を徴収しているのだろうか。そんなことに、学校の教職員や保護者、子どもたちをとりまくおとなたちが意識的に目を向けることで、隠れていた教育費の問題は明るみに出る。そして、「当たりまえの学校生活」を見直していくことができる。こうして、公教育無償性の理念は学校という〈足元〉から少しずつ実現に近づけていくことができる。

おわりに

当たりまえと思って払ってきた学校の〈モノ〉と〈コト〉にかかる費用――。しかし、「それって本当に当たりまえ？」と問い直すための視点を、本書では紹介し、提案してきた。「そもそもなんで必要とされたの？」（歴史）、「いま、それってどのようになっているの？」（実態）、「どのようにあるべきと考えたらいいの？」（理念）、そして、「具体的にどうしていこうか？」（対策）は、本書でとりあげることのできた〈モノ〉〈コト〉以外にも適用できる視点だ。

こうした視点で考えていくと、「その〈モノ〉や〈コト〉は必要だとして、どのように選んで購入していくか」「ほかのもので代替することができるのではないか」「現状のその〈モノ〉や〈コト〉の負の側面は軽減できないか」、さらには、より根本的に「そもそも、その〈モノ〉や〈コト〉は必要か」という再検討にまで進むことができる。

もし、あなたのまわりで疑問に思うことが出てきたら、まずは《第1の原則》＝データを集めて蓄積していくことをお勧めする。――といっても難しいことではなく、もしあなたに小学生や中学生の子どもがいたら、学校からのおたよりをためておけばいい。ためておくのが苦手な人は、ママ友にＬＩＮＥをすれば、ひとりくらいはおたよりを整理してとってある几帳面な人がいるはずだ。

そして、《第２の原則》＝隣の学級、昨年の同学年、近所の学校、隣の自治体などの人から同じようにデータをもらい（写メでもよい！　便利な時代だ）、主婦（主夫）目線やビジネス目線で、教材や指定品、修学旅行の費用や買っているものを比べてみる。このことをとおして、その〈モノ〉と〈コト〉の必要性について考えをめぐらせることができる。何人かが集まることができるなら、ＰＴＡの各種会合などに各学年のおたよりなどを持ちよってワークショップ的にやるのも楽しい。

さらに、《第３の原則》＝データがあるていどそろって疑問が明確になったら、学校あるいはその〈モノ〉〈コト〉の担当者に、その事柄について説明を求めよう。このときに、対立姿勢を明確にするのはあまり得策ではない。むしろ、子どもや保護者だけでなく、学校内や担当者のなかに、その疑問や問題意識を共有できる人を探すことが大事だ。

結局のところ、保護者に経済的負担を強いる〈モノ〉や〈コト〉は、子どもの自己決定権や成長発達権を制約し、保護者の教育の自由を阻害している一方で、労力負担を課していることが多い。他方で、教師は教材選定その他の教育権をみずから放棄し、忘れ物や身だしなみなどの生徒指導や滞納・未納にかかわる督促事務などの気の重い労働負担を背負いこむことになる。学校の事務職員や管理職にとっては、みずからは見えにくい、教員が抱えこんだ会計のありようは気になるだろうし、学校としてのコンプライアンス、会計の適正化に課題意識をもっている人も少なくない。立場を超えて思いを共有できる人はきっといるはずだ。そのときに、先ほど述べた収集されたデータは、思いを語りあって共有するきっかけになりうる。

子どもの貧困という社会問題がささやかれるようになって、10年ほどが経過する。日本で多く見られているのは、経済的困窮のために食べものや着るもの・寝る場所に困る「絶対的貧困」ではなく、経済的困窮のために当たりまえの生活を当たりまえにすることができない「相対的貧困」だ。子どもの貧困の文脈にあてはめると、「経済的困窮のために当たりまえの学校生活を当たりまえにすることができない」という説明になる。

それぞれの家庭の収入を増やすことはなかなか難しく、それは企業や社会福祉・雇用・労働政策の負うところが大きい。しかし、支出を減らすことで、「当たりまえの学校生活」を送りやすくすることは、学校関係者の努力、国や自治体レベルの教育政策により可能だ。わかりやすく言えば、「制服を買うことが当たりまえでなければ=私服で学校に行くことが当たりまえであれば」、制服分の支出はなくなり、より学校に行きやすくなる。「部活動にかかる費用がどの部でも割安なら」、どの部でも選べるようになる。子どもの貧困問題は、学校で教職員の努力により減らすことができるのだ。逆に言えば、当たりまえの学校生活を当たりまえに送れない要因を生みだしているのは学校である可能性もある。くり返して言おう。子どもの貧困問題は、学校で教職員の努力により減らすことができる。

「はじめに」でも述べたが、筆者のわたしたちはともに、義務教育期間の子どもをもつ保護者でもある。保護者として、またそれぞれ、学校の事務職員として、教職担当の大学教員として、各方面で学校という場にかかわるなかで、正直なところお金の面に関しては驚き、あきれてしまうようなことも多い。もちろん、驚きあきれてもお金は払っているし、多くの家庭もそうしているだろう。しかし、こうしたことが原因で学校に居場所をなくしている子どもが、ほんの少しでもいるとしたら――。多数にとって「払えるからそれでいい」とはならない。その多数も、「これってちょっと変だよね」という気持ちを共有してほしいと思うのだ。この本は、筆者らからの「これって変だよね」という語りかけでもある。

この本を書くにあたり、全国の事務職員・教員の仲間、保護者にあたる友人たちには、各学校の実態について情報提供をいただいた。一人ひとり名前を挙げることはできないが、彼らのおかげで、自治体や学校によって多様なありようの、学校の〈モノ〉と〈コト〉について記すことができた。それぞれの家族にも、執筆期間を通じて打ち合わせのためにたびたび休日を不在にし、迷惑をかけたが、温かく見守ってくれた。本書の制作にあたり、太郎次郎社エディタスの皆様には大変お世話になった。学校の〈モノ〉と〈コト〉についてとりあげている本はほかにもあるが、お金という視点からそれを書きたい、という筆者たちの思いを形にしてくれたことには感謝しかない。今後、各方面に本書の内容を発信することで、礼を尽くしたいと思う。

2019年6月

福嶋尚子

参考文献リスト

本書を執筆するにあたり、多くの文献を参照したが、ここではその一部を紹介する。おもに制服・教材・紙などのモノに着目して体系的な学校文化史研究を進めた佐藤秀夫の作品としては、『ノートや鉛筆が学校を変えた』(平凡社、1988年)が読みやすく、学校文化史研究の醍醐味を教えてくれる。部活動についての著作としては、中澤篤史『運動部活動の戦後と現在』(青弓社、2014年)、神谷拓『運動部活動の教育学入門』(大修館書店、2015年)の2冊が、いずれも運動部活動の歴史を主たる題材としているが、そのなかから運動部活動のそもそもの理念や現在の問題点を見いだすことができる。給食については、鳫咲子『給食費未納』(光文社、2016年)が手に入れやすく、1冊で歴史・現状まですべてわかる。とくに給食は不要と考えている人に読んでほしい。学校財務実践にかかわる本は近年増えてきているが、あえて柳原富雄『教育としての学校事務』(エイデル研究所、1984年)をお勧めしたい。年代は古いが、学校財務実践をおこなううえで現在でもなお欠かせない考え方が示されている。

「学校の〈モノ〉とお金」第1章～第3章

・朝倉まつり『この制服が人をつくる。』真珠書院、2009年
・市川須美子『学校教育裁判と教育法』三省堂、2007年
・井上 英夫ほか編『なぜ母親は娘を手にかけたのか』旬報社、2016年
・太田容子「学校制服が象徴するものとその歴史的変容(1)～(5)『家庭科教育』76巻7号～11号、2002年
・神田修・兼子仁編著『教育法規新辞典』北樹出版、1999年(「通知表」「補助教材」)
・喜多明人「校則と自主規範」姉崎洋一ほか編『ガイドブック教育法〔新訂版〕』三省堂、2015年
・境野健児「自治体の教材費はどうなったか」『賃金と社会保障』957号、1987年

・佐藤秀夫「学校における制服の成立史」『日本の教育史学』19号、1976年
・佐藤秀夫『ノートや鉛筆が学校を変えた』平凡社、1988年
・難波知子「近代日本における女子学校制服の成立・普及に関する考察」『人間文化論叢』9巻、2006年
・馬場まみ「戦後日本における学校制服の普及過程とその役割」『日本家政学会誌』60巻8号、2009年
・松田歌子・高島愛・伊地知美知子「明治・大正・昭和前期の学童の衣生活とその背景（第1報）」『文教大学教育学部紀要』17集、1983年
・山崎保寿「教材整備に関する国庫負担制度の変遷と課題」『静岡大学教育学部研究報告 人文・社会・自然科学編』61号、2011年
・山本裕詞「地方分権下の『教育の機会均等』に関する国家の責任」『東北大学大学院教育学研究科研究年報』57集1号、2008年

「学校の〈コト〉とお金」第4章～第6章

・内田良『教育という病』光文社、2015年
・神谷拓『運動部活動の教育学入門』大修館書店、2015年
・河上一雄「わが国の修学旅行の歴史と今後の展望」『観光』457号、2004年
・鳫咲子『子どもの貧困と教育機会の不平等』明石書店、2013年
・鳫咲子『給食費未納』光文社、2016年
・『教科書無償』編集委員会編『教科書無償』解放出版社、1996年
・黒柳修一「日本における教育課程の特殊性としての特別活動」『教育学研究紀要』7号、2016年
・小林誠「学習指導要領からみる部活動に関する一考察」『早稲田大学大学院教育学研究科紀要 別冊』19号－2，2012年
・経志江「明治期福岡県小学校の遠足・修学旅行」『日本経大論集』46巻2号、2017年
・鈴木健一「明治期の教育と修学旅行」『歴史と地理 日本史の研究』511号、1998年
・関信夫「学校教育における修学旅行の位置づけ」日本地理教育学会『新地理』27巻4号、1980年
・関喜比古「問われている部活動の在り方」『立法と調査』294号、2009年
・高橋博義「修学旅行の歴史と教育的意義に関する研究」『鳴門生徒指導研究』3号、1993年
・中澤篤史『運動部活動の戦後と現在』青弓社、2014年
・西島央・矢野博之「部活動の学習指導要領上の位置付けと歴史的変遷」『月刊生徒指導』2009年8月号
・布川和恵「教育課程における学校給食指導の変遷」『現代社会文化研究』59号、2014年
・野口穂高「大正期における『林間学校』の受容と発展に関する一考察」『早

稲田大学教育・総合科学学術院 学術研究（人文科学・社会科学編）』第64号、2016年
・藤澤宏樹「教育と福祉の倒錯―学校給食費公会計化論の検討」『大阪経大論集』67巻2号、2016年
・藤本頼生「伊勢神宮参拝と修学旅行の歴史」『神道文化』24号、2012年
・星野朗「修学旅行の歴史」『地理教育』26・27・29号、1997・1998・2000年
・牧下圭貴『学校給食』岩波書店、2009年
・水上香苗・高橋さおりほか「学校給食制度の基本構造と課題」『藤女子大学QOL研究所紀要』5巻1号、2010年

学校財務と公教育の無償性

・足立慎一「学校財政と学校事務職員」小川正人編『教育財政の政策と法制度』エイデル研究所、1996年
・末冨芳編著『予算・財務で学校マネジメントが変わる』学事出版、2016年
・鈴木はつみ『さいごの授業』京戸山荘出版、2010年
・中村文夫『子どもの貧困と教育の無償化』明石書店、2017年
・成嶋隆「公教育の無償性原則の射程」『日本教育法学会年報』41号、2012年
・保護者負担金研究会編著『保護者負担金がよくわかる本』学事出版、2015年
・本多正人編著『公立学校財務の制度・政策と実務』学事出版、2015年
・栁澤靖明『本当の学校事務の話をしよう』太郎次郎社エディタス、2016年
・柳原富雄『教育としての学校事務』エイデル研究所、1984年
・世取山洋介・新福祉国家構想研究会編『公教育の無償性を実現する』大月書店、2012年
・世取山洋介「教育の『無償性』と『無償化』」『教育』2018年7月号

学校文化史

・石附実編著『近代日本の学校文化誌』思文閣出版、1992年
・教育解放研究会編『学校のモノ語り』東方出版、2000年
・佐藤秀夫『学校ことはじめ事典』小学館、1987年
・佐藤秀夫『学校教育うらおもて事典』小学館、2000年
・佐藤秀夫『教育の文化史２　学校の文化』阿吽社、2005年
・佐藤秀夫『教育の文化史４　現代の視座』阿吽社、2005年
・文部省『学制百年史』帝国地方行政学会、1972年

参考HP

一般社団法人 全日本吹奏楽連盟、一般社団法人 日本教材備品協会、
公益財団法人日本修学旅行協会、文部科学省

写真提供

株式会社西村商店：p.34 サブバッグ、p.36 通学帽子
株式会社千代田ネーム工芸社：p.37 名札、1年生用名札
株式会社トンボ（トンボ学生服）：p.42 帝国大学制服、p.43 福岡女学院制服、p.47 柏の葉中学校制服
株式会社旭創業：p.102 醤油鯛
鶴岡市学校給食センター：p.180 初期の給食

[Wikimedia] p.29 標準服 by Rebirth10、p.33 ランドセル by NKBC、p.174 ランチカード by 円周率３パーセント（以上、CC BY-SA 3.0)、p.146 JAPAN SPORT OLYMPIC SQUARE by 江戸村のとくぞう（CC BY-SA 4.0)
[shutterstock] p.68 あさがおセット、p.73 跳び箱、p.74 柔道着、p.202 三角旗、p.206 合唱、p.209 テスト
[stock.adobe.com] p.75 樹木、p.145 卓球用ラケット、p.147 油画材、p.171 大鍋、p.177 食器、p.208 卒業証書筒
[PIXTA] p.205 運動会入場門

表紙画像ほか

p.61『スキルタイム漢字３上』、p.62『ユニット楽習　スイッチ・オン！ 国語』『基礎基本A理科』、p.66『新くりかえし計算ドリル 東京書籍６年１学期』『計算ドリルノート』（以上、日本標準)、p.62『教科書ドリル　さんすう小学１ねん　東京書籍版』（文理)、p.64『未来へつなぐ　公民資料集ワイド版2019』、p.75『夏休み教材　サマー32　5年』（以上、新学社)、p.64『グラフィックワイド歴史』（東京法令)、同『アドバンス中学地理資料』（帝国書院)、p.76『山びこ学校』（今井正監督、北星映画配給)

著者紹介

柳澤靖明（やなぎさわ やすあき）

埼玉県の小学校（7年）中学校（14年）に事務職員として勤務。現在、川口市立青木中学校事務主査。「事務職員の仕事を事務室の外へ開き、教育社会問題の解決に教育事務領域から寄与する」をモットーに、教職員・保護者・子ども・地域、そして現代社会へ情報を発信。
研究関心は、家庭の教育費負担・修学支援制度。具体的には、「教育の機会均等と無償性」「子どもの権利」「PTA活動」などをライフワークとして研究している。勤務と並行し、中央大学法学部通信教育課程で学び（2018年卒業）、校内でリーガルサポートにも取り組む。
川口市立労働安全衛生委員、川口市教育研究会事務局長、日本教育事務学会理事（研究推進委員会副委員長）などをつとめる。
著書に『本当の学校事務の話をしよう』（日本教育事務学会「学術研究賞」受賞、太郎次郎社エディタス）、『学校徴収金は絶対に減らせます』、『事務だよりの教科書』、編著書に『学校財務がよくわかる本』、『学校事務職員の基礎知識』、共著書に『保護者負担金がよくわかる本』（以上、学事出版）など。

＊本書では、各章の「実態」「対策」パートと、「はじめに」「序章」の執筆を担当。

福嶋尚子（ふくしま しょうこ）

新潟大学、東京大学で学び、2015年より千葉工業大学にて教職課程に助教として勤務。教育行政学を担当（現在は准教授）。2016年12月に博士号（教育学）取得。
モットーは「子どもを排除しない学校」「学校の自治」「公教育の無償性」の実現、「教職員の専門職性」の確立。研究関心は、教材整備、学校財務、学校評価、校則、給食、PTA、不登校など。
日本教育事務学会、日本教育政策学会などで理事をつとめる。
著書に『占領期日本における学校評価政策に関する研究』（日本教育行政学会「学会賞」受賞、風間書房）、執筆書に世取山洋介・福祉国家構想研究会編『公教育の無償性を実現する：教育財政法の再構築』（大月書店）、『#教師のバトン とはなんだったのか』（岩波書店）、『だれが校則を決めるのか』（岩波書店）、『カリキュラム・学校財務カリキュラムマネジメント』（学事出版）など。

＊本書では、各章の「歴史」「理念」パートと、「終章」「おわりに」の執筆を担当。

隠れ教育費
公立小中学校でかかるお金を徹底検証

2019年8月20日　初版発行
2024年2月20日　3刷発行

著者　柳澤靖明
福嶋尚子

デザイン　新藤岳史
イラスト　上坂元 均
発行所　太郎次郎社エディタス
東京都文京区本郷3-4-3-8F
〒113-0033
電話 03-3815-0605
FAX 03-3815-0698
http://www.tarojiro.co.jp
印刷・製本　シナノ書籍印刷

ISBN978-4-8118-0837-6 C0036

本書は、日本教育事務学会「研究奨励賞」(2019年)
受賞作品です。

本書のスピンオフ——
「保護者の疑問にヤナギサワ事務主査が答えます。」が
webマガジン「Edit-us」にて連載中